Sociologia clássica

CB052233

Dados Internacionais de Catalogação na Publicação (CIP)
(Câmara Brasileira do Livro, SP, Brasil)

Sell, Carlos Eduardo
Sociologia clássica : Marx, Durkheim e Weber / Carlos Eduardo Sell. 7. ed. Petrópolis, RJ : Vozes, 2015. – (Coleção Sociologia)
Bibliografia
ISBN 978-85-326-3905-9
1. Durkheim, Émile, 1858-1917 2. Marx, Karl, 1818-1883 3. Sociologia 4. Weber, Max, 1864-1920 I. Título. II. Série.

09-07130 CDD-301

Índices para catálogo sistemático:
1. Sociologia 301

Carlos Eduardo Sell

Sociologia clássica

Marx, Durkheim e Weber

2ª Reimpressão
Abril/2016

Petrópolis

© 2009, Editora Vozes Ltda.
Rua Frei Luís, 100
25689-900 Petrópolis, RJ
www.vozes.com.br
Brasil

Todos os direitos reservados. Nenhuma parte desta obra poderá ser reproduzida ou transmitida por qualquer forma e/ou quaisquer meios (eletrônico ou mecânico, incluindo fotocópia e gravação) ou arquivada em qualquer sistema ou banco de dados sem permissão escrita da editora.

Diretor editorial
Frei Antônio Moser

Editores
Aline dos Santos Carneiro
José Maria da Silva
Lídio Peretti
Marilac Loraine Oleniki

Secretário executivo
João Batista Kreuch

Editoração: Maria da Conceição B. de Sousa
Diagramação: AG.SR Desenv. Gráfico
Capa: Juliana Teresa Hannickel

ISBN 978-85-326-3905-9

Editado conforme o novo acordo ortográfico.

Este livro foi composto e impresso pela Editora Vozes Ltda.

Para meu filho
Lucas Eduardo S. Sell

Sumário

Apresentação da coleção

Brasilio Sallum Jr.

A **Coleção Sociologia** ambiciona reunir contribuições importantes desta disciplina para a análise da sociedade moderna. Nascida no século XIX, a sociologia expandiu-se rapidamente sob o impulso de intelectuais de grande estatura – considerados hoje clássicos da disciplina –, formulou técnicas próprias de investigação e fertilizou o desenvolvimento de tradições teóricas que orientam o investigador de maneiras distintas para o mundo empírico. Não há o que lamentar o fato de a sociologia não ter um *corpus* teórico único e acabado. E, menos ainda, há que esperar que este seja construído no futuro. É da própria natureza da disciplina – de fato, uma de suas características mais estimulantes intelectualmente – renovar conceitos, focos de investigação e conhecimentos produzidos. Este é um dos ensinamentos mais duradouros de Max Weber: a sociologia e as outras disciplinas que estudam a sociedade estão condenadas à eterna juventude, a renovar permanentemente seus conceitos à luz de novos problemas suscitados pela marcha incessante da história. No período histórico atual este ensinamento é mais verdadeiro do que nunca, pois as sociedades nacionais, que foram os alicerces da construção da disciplina, estão passando por processos de inclusão, de intensidade variável, em uma sociedade mundial em formação. Os sociólogos têm respondido com vigor aos desafios desta mudança histórica, ajustando o foco da disciplina em suas várias especialidades.

A **Coleção de Sociologia** pretende oferecer aos leitores de língua portuguesa um conjunto de obras que espelhe o tanto quanto possível o desenvolvimento teórico e metodológico da disciplina. A coleção conta com a orientação de comissão editorial, composta por profissionais relevantes da disciplina, para selecionar os livros a serem nela publicados.

A par de editar seus autores clássicos, a **Coleção Sociologia** abrirá espaço para obras representativas de suas várias correntes teóricas e de suas especialidades, voltadas para o estudo de esferas específicas da vida social. Deverá também suprir as necessidades de ensino da Sociologia para um público mais amplo, inclusive por meio de manuais didáticos. Por último – mas não menos importante –, a **Coleção Sociologia** almeja oferecer ao público trabalhos sociológicos sobre a sociedade brasileira. Deseja, deste modo, contribuir para que ela possa adensar a reflexão científica sobre suas próprias características e problemas. Tem a esperança de que, com isso, possa ajudar a impulsioná-la no rumo do desenvolvimento e da democratização.

Prefácio

Este livro que o leitor adquiriu foi escrito com intenção didática. Logo, sua finalidade é introduzir quem ainda não teve contato com a sociologia no pensamento dos seus pais fundadores. Karl Marx, Émile Durkheim e Max Weber são considerados autores fundamentais, a ponto de merecerem até a denominação de clássicos e, como tais, fazem parte da leitura obrigatória de qualquer estudante da área. O nosso estudante vai descobrir logo que estes três autores não jogam no mesmo time. Muito pelo contrário, eles representam estilos de pensar muito diferentes, tão diferentes que seus seguidores discutem entre si sobre o verdadeiro valor das obras deixadas por eles e frequentemente duvidam que o clássico dos outros seja realmente um clássico.

Também você, caro leitor, vai entrar neste turbilhão de leituras que não deixam ninguém indiferente. Marx ou Weber, Weber ou Durkheim, Durkheim ou Marx ou até um pouquinho de cada um? Um dos méritos deste livro de Carlos Eduardo Sell é que ele conseguiu resistir à tentação de tomar partido nesta briga – e a tentação era grande, como você vai perceber. Manter-se equidistante de autores tão potentes como Marx, Durkheim e Weber exigem equilíbrio e abstenção de paixões que sempre nos acompanham quando aproximamo-nos de assuntos sociais. A sociedade nos envolve, ela nos emociona, nos irrita, nos intimida, nos segura. O outro é a sociedade, e nós somos a sociedade para o outro. Fomos lançados para dentro deste mundo sem saber por que queremos saber o porquê.

Descobrimos que os outros compartilham esta situação e que eles buscam também respostas a velhas perguntas que o homem sempre fez sobre si mesmo, querendo saber da sua origem e do seu destino.

Ler autores que nos antecederam no tempo confronta-nos com uma dupla questão. A primeira é se nós podemos entender realmente alguém que viveu e escreveu há mais de cem anos. A segunda é se este autor pode entender o mundo no qual vivemos hoje. Imaginemos, por exemplo, o mundo de um Karl Marx, o mais velho dos três, que morreu em 1883, o ano em que Maxim inventou a metralhadora. Marx não conheceu a televisão, o rádio, o avião, o ar-condicionado, o computador, a pílula anticoncepcional, nem o automóvel, o concreto armado, o raio-x e muito menos a energia nuclear. Também não sabia que alguns dos seus leitores iriam conseguir o poder em um Estado da periferia europeia, mais exatamente na Rússia durante o inverno de 1917, tentando realizar o que ele e seu amigo Engels tinham enfatizado em um manifesto político de 1848: o comunismo.

Nós conhecemos tudo isso e também a história do socialismo. Marx morreu muito antes e não pode ser culpado por uma coisa que ele não fez. Pois você, caro leitor, tem um problema a mais. O socialismo tem uma história que nós já conhecemos. Querendo ou não, a experiência histórica influencia a nossa leitura e estamos mais uma vez desafiados a separar a nossa simpatia ou antipatia da interpretação dos textos clássicos. Mas, que isto vale também para a obra de Durkheim e Weber seja dito em alto e bom tom.

Um livro desta natureza faz falta e vai cumprir uma função importante, pois ele contextualiza três autores importantes do vasto campo da teoria social e, por causa da sua apresentação cuidadosa, prepara um julgamento crítico que, finalmente, somente pode ser da competência do próprio leitor.

Franz Josef Brüseke

Doutor em Sociologia Política (Münster/Alemanha)
e professor da Universidade Federal de Sergipe.

Introdução

A consagração da tríade "Marx, Durkheim e Weber" tornou-se, nos livros de iniciação à sociologia, uma das principais ferramentas para entender a história, o significado e a importância desta ciência. Retomando a visão destes autores, o estudante da sociologia é convidado a exercitar sua "imaginação sociológica", adentrando assim no intenso debate existente sobre as diferentes maneiras, métodos e perspectivas de pesquisa e interpretação da sociedade.

Este manual, voltado especialmente para alunos das áreas de humanidades (ciências sociais, antropologia, história, economia, pedagogia, direito, psicologia, ciência política, etc.), bem como para alunos de ensino médio ou mesmo de outras áreas do conhecimento (administração, ciências contábeis, informática, etc.), insere-se nesta prática pedagógica. O texto, produzido a partir de notas de aula, foi publicado, pela primeira vez, em 1998 e, na apresentação que lhe dá agora a **Editora Vozes**, ele já foi diversas vezes revisado e ampliado. Neste ano de 2014, em comemoração ao aniversário de 150 anos do nascimento de Max Weber, o capítulo dedicado a este autor foi amplamente modificado, em consonância com as discussões atuais. O mesmo deverá ocorrer, nos próximos anos, em relação a Marx e a Durkheim.

A novidade que este manual propõe é analisar os fundadores da sociologia a partir de um esquema comparativo, permitindo ao leitor perceber os principais elementos que definem esta ciência, a saber:

- **Teoria sociológica:** métodos de estudo da realidade social;
- **Teoria da modernidade:** interpretações quanto às características das relações sociais em tempos modernos;
- **Teoria política:** discussão sobre os problemas e desafios da vida em sociedade.

A parte central deste trabalho descreve o pensamento dos pioneiros da sociologia a partir deste esquema. No último capítulo, ele é retomado para permitir uma visão de conjunto de suas obras e para viabilizar, nos limites de um material de cunho didático (e sob o ponto de vista do autor), um exercício de reflexão crítica e avaliativa destas teorias.

Desta forma, esperamos conduzir aqueles que dão seus primeiros passos na investigação sociológica ao entendimento da importância dos autores clássicos para a história da sociologia e, principalmente, suas contribuições para o entendimento do mundo social contemporâneo.

Capítulo I
Origens da sociologia

A sociologia é uma ciência profundamente envolvida com a sociedade moderna. A investigação sociológica constitui um dos meios pelo qual a modernidade tomou consciência de si mesma. Este capítulo visa traçar a relação entre a emergência do mundo moderno enquanto processo de mudança histórica, e a sociologia enquanto reflexão sobre a modernidade. O texto situa alguns dos principais marcos históricos e epistemológicos responsáveis pelo surgimento do saber sociológico e destaca autores e textos que refletem sobre a gênese desta ciência. Apresenta ainda uma concepção de sociologia enquanto teoria da modernidade e termina destacando a contribuição do autor que é considerado o pai fundador desta ciência: Augusto Comte.

1. Gênese: fatores sociais e epistemológicos

A sociologia é uma forma de conhecimento científico originada no século XIX. Como toda forma de conhecimento, ela reflete as preocupações e necessidades dos homens de seu tempo. O saber sociológico nasce ligado a fatores históricos e sociais. Compreender o contexto no qual esta disciplina nasceu é fator fundamental para se entender as suas características atuais. O surgimento da sociologia está ligado a um duplo processo que envolve:

- Fatores históricos: transformações na estrutura da sociedade.
- Fatores epistemológicos: transformações na maneira de pensar e abordar a realidade.

1.1. Fatores histórico-sociais

Do ponto de vista histórico-social, inúmeros elementos poderiam ser apontados como marcantes para o surgimento da sociologia. No entanto, três acontecimentos costumam ser destacados como fundamentais para este processo, pois eles afetaram diretamente as bases sociais da convivência humana. Ainda que de forma bastante esquemática, podemos dizer que esses acontecimentos são:

- Revolução Industrial
- Revolução Francesa
- Revolução Científica

O primeiro acontecimento é de *ordem econômica*. Os séculos XVIII e XIX presenciaram uma das mais intensas, rápidas e profundas transformações sociais que a história já vivenciou: a *Revolução Industrial*. O surgimento das máquinas alterou completamente as formas de interação humana, aumentando a produtividade e instaurando novas classes sociais: a burguesia e o proletariado. Junto com as mudanças econômicas vieram à tona fenômenos sociais radicalmente novos, como a urbanização, a aceleração do tempo, a família nuclear e uma série de problemas sociais, como a proletarização, novas formas de pobreza e conflitos políticos.

Neste mesmo período histórico, a Europa também tinha passado por um profundo abalo com a *Revolução Francesa*, ocorrida em 1789. Este evento histórico foi um fenômeno da maior importância, pois a queda da monarquia e a instauração do sufrágio eleitoral democrático, os direitos do homem e as noções de liberdade, igualdade e fraternidade foram um terremoto nas tradições políticas da Europa. A Revolução Francesa trouxe novos ideais políticos e inaugurou novas formas de organização do poder. Trata-se, portanto, de um acontecimento de *ordem política*.

Junto com a Revolução Francesa consagrava-se também uma nova forma de pensar e entender filosoficamente o mundo: o *Iluminismo*. O Iluminismo foi, antes de tudo, um movimento intelectual que tinha como objetivo entender e organizar a sociedade a partir da razão. Para filósofos como Voltaire (1694-1778), Rousseau (1712-1778), Diderot (1713-1784) e outros, a razão era a luz que sepultaria as trevas, representadas, sobretudo, pela monarquia e pela religião.

Esta transformação cultural já vinha ocorrendo há muito tempo, particularmente a partir do *Renascimento* (século XV). Embora o Renascimento tenha sido mais forte no campo das artes, ele tinha como intenção geral colocar o homem (antropocentrismo) no lugar de Deus (teocentrismo). O Iluminismo tratou de acrescentar ao Renascimento o potencial da razão humana que levaria o homem a sua plena maturidade, como diria mais tarde o filósofo Immanuel Kant (1724-1804). O Renascimento e o Iluminismo são acontecimentos que afetaram a *ordem cultural*.

As transformações rapidamente esboçadas acima mexeram profundamente nas estruturas da sociedade, desencadeando novas relações econômicas, novas formas de organização política e ainda novas concepções e representações culturais. As revoluções industrial e francesa e o iluminismo sintetizam, historicamente, o movimento de transição entre os períodos históricos da idade média e da idade contemporânea. Esse período alterou definitivamente os aspectos culturais, políticos e econômicos da sociedade e deu início à estruturação do mundo no qual nós vivemos hoje. Podemos ver isto de uma forma bastante sintética com o quadro abaixo:

ASPECTOS	IDADE MÉDIA	IDADE MODERNA	IDADE CONTEMPORÂNEA
Cultural	Teocentrismo	Renascimento Reforma Iluminismo	Antropocentrismo
Político	Regimes monárquicos	Revolução Francesa	Regimes Democráticos
Econômico	Economia agrária	Revolução Industrial	Economia industrial
	476 d.C.	1453 d.C.	1789 d.C.

Este esquema já nos indica que a importância de Marx, Durkheim e Weber está ligada ao fato de que eles foram alguns dos principais autores a responder as perguntas que assolavam os homens dos séculos XIX e XX. Cada um deles formulou um conjunto de conceitos para explicar a mudança histórica que estava ocorrendo naquele período:

	IDADE ANTIMEDIEVAL	IDADE MODERNA	IDADE CONTEMPORÂNEA
	Soc/Tradicional	*Mudança Social*	*Modernidade*
MARX	Modo de produção antigo e feudal	Revolução Industrial	Modo de produção capitalista
DURKHEIM	Solidariedade mecânica	Divisão do trabalho social	Solidariedade orgânica
WEBER	Sociedades teocêntricas	Racionalização (desencantamento)	Sociedade secularizada

Os clássicos da sociologia foram alguns dos grandes intérpretes do mundo moderno. Eles nos ajudaram a entender que a modernidade implica em uma profunda ruptura com o passado, trazendo novas formas de organizar a produção (economia), distribuir o poder (política) e compreender a existência (cultura). Foi para explicar as diferenças do mundo moderno com as sociedades do passado, bem como entender o motivo destas mudanças, que os primeiros teóricos da sociologia produziram suas obras. Nessa **análise da modernidade**, cada um dos teóricos já mencionados tinha sua interpretação sobre estes três problemas fundamentais:

1º) As características da sociedade tradicional;

2º) Os fatores da mudança da sociedade;

3º) As características do mundo moderno (modernidade).

A era moderna, permeada pelo clima de mudanças e incertezas, contrastava profundamente com a experiência social das sociedades anteriores. No período medieval, por exemplo, com o predomínio das concepções cristãs, o tempo e a sociedade eram vistos como algo fixo e imutável, reflexo, de alguma forma, da vontade do Deus criador.

O conjunto de transformações geradas pelas revoluções Industrial, Francesa e pelo Iluminismo precisava ser explicado e compreendido pela razão humana. Elas geravam a sensação de que o mundo estava em "crise" e de que algo precisava ser feito. Quais as causas destas transformações? Para onde elas apontam? De que modo elas alteram as formas de sociabilidade humana? O que fazer diante destes novos fatos? De que forma as forças sociais em luta podem se posicionar diante destes fenômenos? A sociologia nasceu da consciência da intensidade das mudanças em curso e da necessidade de buscar respostas para as perguntas acima. Em outros termos, a sociologia nasceu da constatação de que a ordem social moderna desorganizou as formas de convívio social, gerando problemas novos que reclamavam interpretações e soluções inovadoras.

Neste sentido, poderíamos afirmar que a sociologia é uma "ciência da crise", como argumenta Robert Nisbet, em **A tradição sociológica** (2005). Em seu estudo das origens do pensamento sociológico, ele mostra como os principais conceitos da sociologia clássica são justamente noções que apontam para a busca de uma nova harmonia social. A sociologia seria um empreendimento essencialmente conservador. Os pares conceituais que estruturaram a sociologia em sua fase inicial expressam claramente esta realidade:

- Comunidade x sociedade
- Autoridade x poder
- *Status* x classe
- Sagrado x profano
- Alienação x progresso

Quem discorda diretamente desta visão e propõe um entendimento diferente das origens sociais da sociologia é Anthony Giddens (2001, p. 181-216). Para ele, a ideia de que a sociologia é uma ciência que busca restabelecer a harmonia social perdida é sustentada por uma série de pressupostos errôneos. Esta explicação estaria fundamentada em quatro mitos:

1) *Mito do problema da ordem*: a tarefa principal da sociologia seria resolver o problema colocado por Thomas Hobbes (1588-1679): como é possível explicar que indivíduos vivam em sociedade sem entrar em um conflito permanente?

2) *Mito das origens conservadoras da sociologia*: trata-se da ideia de que a sociologia deriva dos autores conservadores dos séculos XVIII, como De Bonald (1754-1850) ou De Maistre (1754-1821), que se opunham à Revolução Francesa e às conquistas do mundo moderno.

3) *Mito da grande cisão*: Giddens também nega a ideia de que os fundadores da sociologia estivessem preocupados com uma visão global da sociedade (filosofia social), enquanto seus continuadores procuraram dar mais destaque às pesquisas sobre temas específicos (teorias de médio alcance).

4) *Mito da divisão entre integração x coerção*: refuta-se também a ideia de que a sociologia, desde as suas origens, está dividida entre uma corrente fundamentada na ideia da "integração" e da harmonia social; contra outra corrente fundamentada na ideia da "coerção" e do conflito social, cujos principais representantes seriam Durkheim e Marx, respectivamente.

Embora Robert Nisbet e Anthony Giddens tenham visões diferentes sobre o papel da "crise social" dos séculos XVIII e XIX no processo de gênese da sociologia, ambas as reflexões nos mostram a importância dos acontecimentos sociais daquele período para a formação de uma ciência dos fenômenos sociais.

1.2. Fatores epistemológicos

O surgimento de um novo tipo de sociedade, por si só, não é suficiente para explicar a origem da sociologia. As transformações sociais acima descritas também poderiam ser explicadas usando-se a forma tradicional de pensar disponível naquele momento histórico: a filosofia política. Logo, para entender a gênese da sociologia precisamos explicar sua ligação com uma mudança de "consciência", ou seja, o surgimento de novos métodos de interpretação da realidade, tanto da natureza como da sociedade. Temos que considerar, portanto, os **fatores epistemológicos**, pois a elaboração da ciência sociológica resulta também de uma nova constelação no campo do saber e do conhecimento.

a) Método científico

A tentativa de explicar o mundo de forma exclusivamente lógico-racional tem suas origens na Grécia, no século VI antes de Cristo, com a famosa afirmação de Tales de Mileto (640 a 548 a.C.) de que "tudo é água". Este pensador é considerado o fundador da "filosofia" que se caracteriza pela tarefa de explicar os fatos ou fenômenos do mundo utilizando-se unicamente do pensamento racional, baseando-se em argumentos e na lógica, e não em mitos, crenças e tradições. A filosofia foi a forma de conhecimento predominante no mundo intelectual ocidental durante a idade antiga e a idade média. Todavia, a partir da modernidade, a história do pensamento ocidental sofre uma nova reviravolta com o surgimento da CIÊNCIA MODERNA.

No decorrer do século XVI, estudiosos como Francis Bacon (1561-1626), Galileu Galilei (1564-1642), Nicolau Copérnico (1473-1543) e Isaac Newton (1642-1727) buscavam explicar a realidade de forma radicalmente nova. Aprofundando e, ao mesmo tempo, superando o projeto racional da filosofia eles criaram a base da ciência moderna: o método experimental. É exatamente por este aspecto que a ciência distingue-se da filosofia. Embora ambas sejam formas racionais de explicar o mundo, somente pode ser considerada ciência aquela forma de conhecimento que busca conduzir sua investigação utilizando-se de testes empíricos para comprovar a veracidade ou falsidade de suas teorias. Sem entrar em maiores aprofundamentos, podemos dizer que a ciência define-se, genericamente, pelos seguintes procedimentos: 1) observação sistemática dos fenômenos; 2) construção de hipóteses; 3) experimentação; 4) generalização dos resultados da investigação (formação de leis ou teorias).

O modo como cada ciência particular utiliza-se do método científico em suas pesquisas varia muito. Também existem diferenças significativas entre os métodos de pesquisa das ciências exatas (ou da natureza) e as ciências sociais (ou humanas). Mas, em qualquer ciência é sempre o "método experimental" que proporciona a validação empírica dos resultados da investigação. Na ciência só podem ser consideradas verdadeiras as teorias que tiverem apoio na observação da realidade empírica.

Ainda hoje, os epistemólogos divergem sobre o modo como a validação empírica das teorias científicas deva ser qualificada. Para um determinado grupo, por exemplo, o elemento básico da ciência é chamado de "princípio da verificação", enquanto um segundo grupo prefere falar em "princípio da falsificação" (ou falseabilidade). Apesar da diferença de linguagem, ambos concordam que o método experimental (a validação empírica das teorias) é a marca distintiva da ciência, como assinala um dos mais importantes teóricos deste assunto, o filósofo Karl Popper (1902-1994):

> Contudo, certamente admitirei um sistema como empírico ou científico somente se ele for suscetível de ser testado pela experiência. Estas considerações sugerem que se deve, como um critério de demarcação, não a verificabilidade, mas a falseabilidade de um sistema. Em outras palavras, não exigirei de um sistema científico que ele seja suscetível de ser selecionado, de uma vez por todas, em um sentido positivo; mas requererei que sua forma lógica seja tal que ele possa ser selecionado, por meios de testes empíricos, em um sentido negativo: deve ser possível refutar pela experiência um sistema científico empírico (POPPER, 1995, p. 275).

A utilização dos métodos científicos para o estudo da vida social sempre provocou polêmicas. Neste sentido, Wolf Lepenies (**As três culturas**, 1996), ao estudar a origem da sociologia, mostra como esta disciplina pode ser considerada como uma "terceira cultura", situada entre o rigor metodológico das frias e exatas ciências naturais e os requintes artísticos e estilísticos da literatura. Em seu estudo, Lepenies mostra como a sociologia foi se formando em diálogo com a literatura, pois os grandes literatos também estavam preocupados com os problemas da vida social: basta pensar na importância de Victor Hugo (1882-1885) para entender os problemas sociais da França do século XIX, por exemplo. Na visão de Lepenies, na França e na Inglaterra, a sociologia tomou uma distância maior da literatura, aproximando-se do ideal de rigor científico típico das ciências naturais. Já na Alemanha, como a sociologia estava mais próxima da literatura, prevaleceu uma preocupação maior quanto ao estilo e à sensibilidade. Dada a sua proximidade com a literatura, os pensadores alemães sempre estiveram mais preocupados em mostrar as diferenças entre as ciências sociais e as ciências exatas do que os estudiosos ingleses e franceses.

Entender o que é a ciência e o que ela significou em termos de mudanças na forma de pensar é fundamental para compreender o surgimento da ciência sociológica. Não foram apenas "fatos novos" que deram origem à sociologia. Foi também uma nova maneira de "pensar" estes fatos: a aplicação dos princípios científicos ao estudo da vida social.

b) Da filosofia à sociologia

A sociologia é uma ciência que surge apenas no século XIX. Seu surgimento recente poderia nos dar a ingênua impressão de que até aquela época os intelectuais não estavam preocupados com a reflexão sobre a vida social e coletiva. No entanto, naquele momento histórico, as questões que diziam respeito ao que hoje chamamos de "sociedade" eram pensadas sob a ótica da filosofia, particularmente da filosofia política. Ao aplicar os princípios da ciência ao estudo dos fenômenos sociais, os intelectuais mudaram a maneira de explicar a própria vida social. Na visão dos fundadores da sociologia, os fenômenos que caracterizavam a modernidade, seja no aspecto econômico, político ou cultural, não podiam mais ser explicados a partir de uma visão filosófica do mundo. Sustentavam que era preciso partir do método experimental e da observação da realidade empírica. É a partir deste esforço que surgiu a sociologia.

Para compreender a radicalidade desta mudança, vale a pena comparar a sociologia com a sua antecessora para destacar em que medida ela retoma e, ao mesmo tempo, modifica a maneira de pensar a vida coletiva que era própria da filosofia política.

Retomando a história do pensamento filosófico, podemos identificar na filosofia política dois momentos fundamentais. O primeiro está ligado ao mundo grego e ao surgimento das teorias políticas de Platão (427-347 a.C.) e Aristóteles (348-322 a.C.). O segundo está ligado ao início da era moderna e é representado pelas teorias do contrato social de Hobbes (1588-1689), Locke (1632-1704) e Rousseau (1712-1778). Conforme mostra a análise de Norberto Bobbio (1986), em cada um dos períodos assinalados podemos localizar duas formas de pensar a realidade política, que podem ser representadas pelos nomes de Aristóteles e Hobbes. O paradigma aristotélico e o paradigma hobbesiano nos apresentam formas distintas para explicar os seguintes elementos do poder político: 1) sua origem, 2) natureza, 3) estrutura, 4) finalidade, 5) fundamento e 6) legitimidade. É o que explica o esquema abaixo:

PARADIGMAS DA FILOSOFIA POLÍTICA		
	Aristóteles	**Hobbes**
1) Origem	Histórica	Racionalista/hipotética
2) Natureza	O poder político é natural	O poder político é artificial
3) Estrutura	O Estado precede o indivíduo	O indivíduo precede o Estado
4) Finalidade	Valorização da desigualdade	Valorização da igualdade
5) Fundamento	Natural	Social
6) Legitimidade	Pela força das coisas	Pelo consenso

O surgimento da sociologia representa uma terceira onda na história do pensamento social. Diante do quadro de transformações da modernidade, a sociologia retoma os temas da filosofia política, mas busca substituir as questões tradicionais desta forma de pensamento por um novo olhar sobre o mundo humano. Com o surgimento da sociologia, as questões da filosofia política são retomadas e ampliadas, pois ela opera um deslocamento tanto no objeto quanto no método da reflexão política. Não se trata mais de se referir apenas ao fenômeno do poder político, como se fazia até então. O pensamento deveria deslocar-se para além da "pólis" ou mesmo do "Estado", como fizeram os autores da filosofia até aquele momento. O que os estudiosos da sociologia desejavam é que esta nova ciência abarcasse todos os fenômenos sociais, incluindo a ordem econômica, política e cultural em um único conjunto que pudesse ser estudado com o auxílio do método experimental. É desta forma que nasce a "ciência" do "social".

Importantes indicações para refletir sobre o processo de formação da sociologia nos são fornecidas pelas investigações de Michel Foucault (1926-1984) no livro **As palavras e as coisas**, de 1966. Este autor demonstra que as ciências humanas representam uma nova fase na organização dos conhecimentos e dos saberes. Estas diferentes configurações do saber são chamadas por Foucault de "epistémes" e o objetivo da obra em questão é buscar a "arqueologia", quer dizer, a estrutura que torna possível que o homem seja sujeito de uma reflexão. Foucault está em busca da possibilidade das próprias ciências humanas. Com base nesta orientação, ele mostra que, nos séculos XVI e XVII, o domínio da vida, da fala e do trabalho era estudado pela gramática geral, pela análise das riquezas e pela história natural. Nos séculos XVIII e XIX, estas áreas de conhecimento são substituídas, respectivamente, pela filologia, economia política e pela biologia. Estas disciplinas adotaram os procedimentos científicos como modelo de análise e abandonaram as formas tradicionais de conhecimento. Foi desta forma que se firmou a ideia de que somente seria válido aquele conhecimento sobre o homem que adotasse o *status* de ciência. É a partir deste processo que nascem, então, as "ciências humanas". O trabalho de Foucault é importante porque destaca que a formação da sociologia não pode ser pensada de forma "evolutiva", como se esta ciência (e as demais ciências humanas) fosse o coroamento de um processo de desenvolvimento já contido na filosofia política. Desta forma, não faz sentido chamarmos os filósofos de "precursores" da sociologia. Com base em Michel Foucault, esta visão evolucionista pode ser substituída por uma abordagem que ressalte a "descontinuidade" das ciências humanas em relação às formas de pensamento que existiam anteriormente.

2. Definição: a sociologia como teoria da modernidade

A sociologia não é a única ciência social envolvida com a compreensão da vida social moderna. Ao longo deste período, praticamente toda a reflexão sobre a ordem política, econômica e cultural procurou adaptar-se ao surgimento da ciência. Aplicando o método científico ao estudo destes diferentes aspectos da vida social, os estudiosos fundaram as principais disciplinas que tratam do homem em sociedade. Entre as principais ciências humanas e sociais (às vezes também chamadas de humanidades) existentes atualmente, convém lembrar especialmente:

1) *História*: embora a história, como forma de conhecimento, já possa ser localizada na Grécia com os textos de Heródoto e Tucídides, ao longo século XIX autores como Leopold Ranke (1795-1886) e Friedrich Meinecke (1862-1954) buscarão adaptar a pesquisa histórica aos métodos da ciência fundando assim a "ciência da história".

2) *Economia*: os primeiros autores a tratar da produção de bens e mercadorias de forma científica foram Adam Smith (1723-1790) e David Ricardo (1772-1823), ao longo dos séculos XVIII e XIX.

3) *Ciência política*: a aplicação dos métodos científicos para um estudo empírico da política começa apenas no final do século XX, com Gaetano Mosca (1856-1941) e Vilfredo Pareto (1848-1923).

4) *Antropologia cultural*: concebida inicialmente para a pesquisa das sociedades não ocidentais (consideradas "sociedades primitivas" ou "sociedades tribais"), tal ciência inicia sua jornada também nos séculos XIX e XX com autores como Edward Taylor (1832-1917) e Franz Boas (1858-1942), prosseguindo após com as pesquisas de Malinowsky (1884-1942), Radcliffe-Brown (1881-1955) e Lévi-Strauss (1908-2009), entre outros.

A lista acima mereceria ainda ser ampliada, incorporando-se a ela disciplinas como o direito, a psicologia, a psicologia social, a pedagogia e outras mais. Mas se em relação ao uso do método científico, a sociologia se iguala ao conjunto das ciências sociais e humanas, em que medida ela se diferencia de cada uma delas? Seguindo a argumentação de Jürgen Habermas, podemos perceber que o marco distintivo da sociologia é o fato de ela não ter se fixado em apenas uma das dimensões da vida social moderna, como fazem as outras ciências, como a economia (que trata da produção de bens), a ciência política (que trata do poder) ou a antropologia (que trata da cultura). Habermas procura ilustrar isto através do seguinte esquema:

Economia (Ciência econômica)	Política (Ciência política)
Cultura (Antropologia)	Comunidade societal

É o próprio Habermas (1987, p. 20) que explica que:

> Naturalmente, não faltaram tentativas de converter também a sociologia em uma ciência especializada na integração social. Todavia, não é casualidade, ao contrário, é um sintoma, o fato de que os grandes teóricos da sociedade [...] provenham da sociologia. A sociologia foi a única ciência social que manteve sua relação com os problemas da sociedade global.

Ao contrário das suas congêneres, a sociologia não se especializou em apenas um aspecto da vida social, seja ela a economia, a política, a cultura ou as interações cotidianas. Seu objetivo é compreender a vida social de forma global, buscando explicar a sociedade como um todo, em suas estruturas, processos e interações. Neste sentido podemos dizer que a sociologia é uma **teoria da sociedade e das relações sociais**.

Porém, mais do que explicar as formas de sociedade e suas variações ao longo da história (tarefa que coube, especialmente, à antropologia cultural), a sociologia concentrou-se primordialmente no estudo da organização social moderna. Para nos ajudar a explicar este ponto vamos recorrer às reflexões de Anthony Giddens (1991). Este autor assinala que a sociologia nasce da consciência de que o tipo de sociedade que se forma na era moderna é marcado por profundas descontinuidades em relação às sociedades que existiam antes. Estas "descontinuidades" da ordem social moderna em relação às ordens sociais tradicionais devem-se, principalmente, ao fato de que o mundo moderno é marcado pela ideia de "mudança". Inovações e transformações sempre existiram em todas as sociedades, mas em nossa época a mudança apresenta características que a distinguem de outras eras sociais. Isto tem a ver com três fatores:

- *Ritmo da mudança*: aqui estamos tratando do fator tempo. Na modernidade, a mudança torna-se sempre maior, mais rápida e intensa. Ser "moderno" é estar em constante transformação e atualização. Na modernidade, a inovação prevalece sobre a tradição. Isto difere das sociedades tradicionais, marcadas pela força das convenções e pela ideia de que a vida social deve permanecer, na medida do possível, inalterada. Nas sociedades pré-modernas, a tradição prevalece sobre a inovação;

• *Escopo da mudança*: aqui estamos tratando do fator espaço. Na modernidade, as transformações sociais não apenas se aceleram no tempo, mas também se expandem no espaço. As inovações econômicas, políticas e culturais próprias do mundo moderno passam a atingir virtualmente toda a superfície do planeta. Em outros termos, a modernidade possui um alcance global.

• *Natureza da mudança*: o mundo moderno criou instituições sociais novas, que praticamente não existiam em outras sociedades. Basta pensar em fenômenos sociais como o Estado-Nação, artefatos tecnológicos e o trabalho assalariado, por exemplo. Logo, pela sua própria "natureza", a ordem social moderna está em profunda descontinuidade com os tipos de sociedade pré-modernas.

É por estas razões que a sociologia pode ser considerada como uma ciência social cujo objeto de estudo é a sociedade moderna. Nestes termos, a sociologia é uma **teoria da modernidade**.

A partir deste conceito de sociologia, já estamos em melhores condições para responder à pergunta central deste livro: por que Marx, Durkheim e Weber são considerados os autores "clássicos" da sociologia? Esta pergunta comporta diversas respostas.

Donald Levine (1997), por exemplo, em livro intitulado **Visões da tradição sociológica**, mostra que os modelos adotados pelos historiadores desta ciência tendem a dar uma interpretação diferente para a importância dos "clássicos" na sociologia. Adaptando seu esquema (p. 300), temos que:

LEVINE: VISÕES DA TRADIÇÃO SOCIOLÓGICA		
Modelos	**Projeto teórico**	**Valor dos clássicos**
Positivista	Promover o uso de métodos científicos	Etapas intermediárias
Pluralista	Promover o uso de diversas teorias	Exemplos de várias abordagens
Sintético	Promover a unificação teórica	Teorias que suscitam problemas
Humanista	Promover o estudo dos clássicos	Textos duradouros
Contextual	Promover o engajamento ideológico	Documentos expressivos
Dialógico	Promover o pluralismo teórico	Partes em uma conversação

Cada um destes modelos também diverge sobre a lista e quantidade de autores que recebem o estatuto de "clássicos" do pensamento sociológico. O próprio Levine, por exemplo, prefere falar em seis grandes tradições de pensamento social, que se definem por diferentes princípios de boa sociedade e incluem os mais variados pensadores:

- *Helênica*: privilegia a promoção da virtude e da justiça. Inclui Platão e Aristóteles.
- *Britânica*: postula o individualismo metodológico. Seus expoentes são Hobbes, Locke, Shaftesbury, Mandeville, Smith, Hume, Spencer e Mill.
- *Francesa*: destaca a moralidade da vida social. Seus principais representantes são Montesquieu, Rousseau, Comte e Durkheim.
- *Alemã*: determinada pela busca de autodeterminação normativa. Destacam-se Kant, Herder, Hegel, Dilthey, Weber e Simmel.
- *Marxista*: ressalta a produção em sociedades sem classes. Seus fundadores são Marx e Engels.
- *Italiana*: também tem como fundamento a moralidade social. Os autores seriam Maquiavel, Vilfredo Pareto e Gaetano Mosca.
- *Americana*: fundamentada na normatividade situacional social. Os autores destacados são Peirce, James, Dewey, Royce, Mead, Colley, Thomas e Park.

Neste livro, vamos nos ater a apenas três destes autores (Marx, Durkheim e Weber), pois eles ilustram as questões-chave em torno dos quais se formou a ciência sociológica. Em cada um destes pensadores podemos encontrar, de forma amplamente desenvolvida, três problemas que se tornaram fundamentais para o desenvolvimento desta ciência, a saber:

1) A teoria sociológica (dimensão teórico-analítica);

2) A teoria da modernidade (dimensão teórico-empírica);

3) A teoria política (dimensão teórico-política).

A importância de distinguir cada uma destas dimensões é que elas nos permitem fazer uma análise comparativa entre os autores, e entender a originalidade e a importância de cada um. Assim, Marx, Durkheim e Weber são importantes para a sociologia porque buscaram, cada um a seu modo, respostas para os três problemas formulados acima. Um rápido elenco de alguns de seus principais conceitos ilustra este ponto:

	TEORIA SOCIOLÓGICA	TEORIA DA MODERNIDADE	TEORIA POLÍTICA
MARX	Método Histórico-Dialético	Modo de Produção Capitalista	Revolução Comunismo
DURKHEIM	Método Funcionalista	Divisão do Trabalho Social	Culto do indivíduo Corporações
WEBER	Método Compreensivo	Racionalismo da Dominação do Mundo	Liderança Carismática Ética da convicção e da responsabilidade

A dimensão teórico-analítica trata da "**teoria sociológica**" de cada autor. Neste caso, buscamos esclarecer como cada um dos clássicos do pensamento sociológico definia a própria sociologia. Falar da teoria sociológica implica ainda demonstrar como Marx, Durkheim e Weber procuraram elaborar os fundamentos filosóficos de suas teorias (epistemologia) e, principalmente, qual o método que cada um deles propôs para a realização da análise social. A epistemologia e a metodologia são as dimensões fundamentais da teoria sociológica.

A dimensão teórico-empírica, por sua vez, refere-se à "**teoria da modernidade**" de cada um dos fundadores da sociologia. Marx, Durkheim e Weber nos ofereceram diferentes explicações sobre o surgimento e as características da sociedade moderna. A teoria da modernidade é o núcleo central da própria sociologia.

Finalmente, a dimensão teórico-política trata do problema da ação ou da "**teoria política**" destes autores. Os clássicos da sociologia tinham visões diferentes sobre qual a fonte e a natureza dos problemas que afligiam a ordem social moderna e, principalmente, como estes desafios poderiam ser superados. Em cada um destes autores é possível identificar diferentes linhas da ação sobre os rumos da modernidade. Ao enfrentar esta questão, eles refletiram também sobre as relações entre teoria e prática política, enfrentando a difícil questão de entender e determinar as conexões existentes entre sociologia (enquanto esfera do conhecimento) e a política (enquanto esfera da ação).

3. Fundação: Augusto Comte

Com o surgimento do método científico, os intelectuais do século XIX dispunham de um instrumento radicalmente novo para entender a sociedade e enfrentar os dilemas que o mundo moderno trazia. A ciência da sociedade tinha pela frente três questões essenciais para a compreensão das transformações sociais que apontamos anteriormente: 1) identificar quais as *causas* destas transformações; 2) apontar as *características* da sociedade moderna; 3) discutir o que *fazer* diante dos problemas sociais.

Foi para responder a este conjunto de questões que, em 1830, Augusto Comte apresentou, em seu livro **Curso de Filosofia Positiva**, a ideia de fundar uma "*Físi-*

ca Social" que seria um saber encarregado de aplicar o método científico para o estudo da sociedade. Com uma ciência que nos mostrasse as leis de funcionamento da sociedade, haveria como enfrentar os problemas do mundo moderno, pois a tarefa da ciência era, justamente, "prever para prover".

Em 1839, Augusto Comte alterou o nome desta ciência para "**sociologia**" (do latim "socius" e do grego "lógos" que significa estudo do social), nome que perdura até hoje. Augusto Comte é considerado, comumente, como o fundador da sociologia, razão pela qual o estudo de seu pensamento é o ponto de partida para o entendimento histórico desta disciplina.

Augusto Comte nasceu no dia 19 de janeiro de 1798, em Montpellier, de família católica e monarquista. Em 1816 é admitido na École Polytechnique de Paris e, em 1817, torna-se secretário de Saint Simon (1760-1825), com o qual rompe em 1824. Em 1832 é nomeado assistente de análise e de mecânica na École Polytechnique, onde mais tarde também se tornaria professor. A influência desta escola sobre o pensamento de Augusto Comte se deve à importância que dava aos estudos matemáticos e científico-tecnológicos, reflexo do espírito de progresso e de desenvolvimento cultivado no século XIX. O pensador é desligado da escola em 1851. Comte também é conhecido por ter dedicado os anos finais de sua vida à organização da "religião da humanidade" para a qual escreveu até um catecismo: o "Catecismo Positivista". Em sua igreja ou religião, a deusa razão ocupava o lugar da crença em divindades; grandes pensadores, o lugar dos santos; bem como havia festas religiosas e determinações sobre a organização dos templos. Esta doutrina filosófica exerceu enorme influência no Brasil que adotou o lema deste pensador em sua bandeira nacional: "ordem e progresso"! Comte morre em Paris no dia 5 de setembro de 1857.

Entre as suas principais obras, podemos citar:

- 1824 – *Sistema de política positiva* – 1ª versão
- 1830 até 1842 – *Curso de filosofia positiva*: 6 tomos
- 1844 – *Discurso sobre o espírito positivo*
- 1848 – *Discurso preliminar sobre o conjunto do positivismo*
- 1851 – *Sistema de política positiva* – 2ª versão
- 1852 – *Catecismo positivista: sumária exposição da religião universal*
- 1856 – *Síntese subjetiva ou sistema universal de concepções próprias ao estado normal da humanidade.*

Além dos seus escritos de juventude (1820-1826), podemos dividir a evolução teórica de Comte em duas fases. A fase "positivista" vai até 1845, quando ocorre a morte de Clotilde de Vaux, por quem ele se apaixonara. A obra fundamental deste período é o **Curso de Filosofia Positiva**. A partir daí começa a fase "mística" de sua obra centrada no objetivo de criar a religião da humanidade, cuja deusa "Razão" lembra diretamente a figura feminina de Clotilde. As obras fundamentais deste período são o **Catecismo Positivista** e o **Sistema de Política Positiva**.

Apesar da característica religiosa da fase final de sua vida, Augusto Comte pode ser considerado um dos mais destacados representantes do movimento iluminista, ou seja, daquela concepção de que a razão [ou a ciência] deve ocupar o lugar da religião na organização da sociedade. Entre as influências diretas que Comte recebeu do Iluminismo é importante lembrar a importância de *Condorcet* (1743-1794). Em sua principal obra, **Esboço de um quadro histórico dos progressos do espírito humano**, este pensador sustenta que assim como Galileu aplicou o método matemático ao estudo da realidade física, a precisão do cálculo deveria também ser estendida ao estudo dos fenômenos sociais.

A ideia de aplicar os métodos das ciências da natureza para o estudo da sociedade receberia um impulso ainda maior com *Saint Simon* (1760-1825), de quem Augusto Comte foi colaborador entre os anos de 1817 e 1824. Um dos primeiros escritores a pensar a realidade da sociedade industrial, Saint Simon retomou a ideia básica de Condorcet, no sentido de aplicar as descobertas do método científico ao estudo dos fatos morais [sociais], com a intenção de torná-la uma ciência "positiva": "não há duas ordens de coisas, há apenas uma: é a ordem física", dizia este pensador. Para Saint Simon, a sociedade moderna modificou o mundo feudal, baseado na aliança entre o poder espiritual (igreja) e o poder temporal (militar). A re-organização da sociedade moderna exigia a união entre a ciência positiva (novo poder espiritual) e os empresários (novo poder temporal), visando o pleno desenvolvimento e equilíbrio do mundo industrial nascente. Desta maneira, o mundo dos conflitos militares da sociedade medieval seria substituído pela união pacífica de todos na sociedade industrial.

Foi retomando e desenvolvendo estas ideias que Augusto Comte é considerado o fundador do **positivismo**.

Em seu sentido amplo (filosófico), o positivismo está relacionado a um forte sentimento antimetafisico que postula que as formas de conhecimento não científicas (ou que não são passíveis de comprovação empírica) são destituídas de significado. Em um sentido restrito (sociológico), o positivismo significa uma determinada maneira de entender o uso do método científico na sociologia: trata-se da noção de que a sociologia deve adotar os mesmos métodos das ciências da natureza. A dimensão filosófica diz respeito à ciência em geral, enquanto a dimensão sociológica diz respeito à ciência sociológica em particular.

3.1. Filosofia positivista

Em sua acepção filosófica, o positivismo traduz-se pela famosa "Lei dos três estados" (ou estágios), pela qual Comte enuncia sua concepção de ciência. No **Curso de Filosofia Positiva** é o próprio autor que afirma ter descoberto uma "lei fundamental" que explica o desenvolvimento da inteligência humana em suas diversas esferas de atividades. De acordo com ele: "essa lei consiste em que cada uma de nossas concepções principais, cada ramo de nossos conhecimentos, passa sucessivamente por três estados históricos diferentes: estado teológico ou fictício, estado metafísico ou abstrato, estado científico ou positivo" (COMTE, 1978, p. 4). Em cada uma destas fases, o homem tem diferentes formas de explicar os fenômenos da realidade. Vejamos como isto ocorre.

1) **Estado teológico**: "No estado teológico, o espírito humano [...] apresenta os fenômenos como produzidos pela ação direta e contínua de agentes sobrenaturais mais ou menos numerosos, cuja intervenção arbitrária explica todas as anomalias existentes no universo" (p. 4). Nesta etapa já se percebe que os fenômenos são explicados através de "causas", mas elas são atribuídas à divindade. Em obra posterior, Comte vai dividir o estado teológico nas seguintes subfases:

a) **Fetichismo**: o homem confere vida, ação e poderes sobrenaturais aos seres inanimados e aos animais;

b) **Politeísmo**: o homem atribui às diversas potências sobrenaturais, ou deuses, certos traços da natureza humana (motivações, vícios e virtudes, etc.);

c) **Monoteísmo**: quando se desenvolve a crença em um deus único.

2) **Estado metafísico**: Nesta etapa predomina o conhecimento filosófico e, especialmente, a metafísica, com a sua busca pelas causas primeiras e pela essência dos entes:

> No estado metafísico, que no fundo nada mais é do que uma simples modificação geral do primeiro, os agentes sobrenaturais são substituídos por forças abstratas, verdadeiras entidades (abstrações personificadas) inerentes aos diversos seres do mundo, e concebidos como capazes de engendrar por elas próprias todos os fenômenos observados, cuja explicação consiste, então, em determinar para cada um uma entidade correspondente (p. 4).

3) **Estado positivo ou científico**: Nesta fase, o conhecimento científico substitui a filosofia e sua busca pela origem e destino do universo. O papel da ciência é determinar as leis que explicam a ocorrência e existência de todos os fenômenos observáveis:

> Enfim, no estado positivo, o espírito humano, reconhecendo a impossibilidade de obter noções absolutas, renuncia a procurar a origem e o destino do universo, a conhecer as causas íntimas dos fenômenos, para preocupar-se unicamente em descobrir, graças ao uso bem combinado do raciocínio e da observação, suas leis efetivas, a saber, suas relações invariáveis de sucessão e de similitude (p. 4).

O que este esquema deixa claro é que, do **ponto de vista filosófico**, o positivismo sustenta que a ciência é a única explicação razoável e legítima para a realidade. A religião e a filosofia são etapas transitórias na evolução do saber humano e serão substituídas pelo avanço do conhecimento científico. Para a visão positivista, formas de conhecimento que não estejam fundamentadas no método experimental da ciência são destituídas de significado, pois não são passíveis de confirmação ou refutação. Daí advém o caráter cientificista e radicalmente antimetafísico do positivismo.

3.2. Sociologia positivista

Positivismo significa muito mais do que a afirmação da superioridade da ciência sobre os outros saberes. Ele representa também um modelo de ciência, quer dizer, uma concepção específica de como o saber científico deve proceder para explicar a realidade. Para entendermos como este modelo influenciou a **dimensão sociológica** do pensamento de Augusto Comte, vejamos como ele concebia o histórico da ciência.

As ciências não evoluíram todas ao mesmo tempo. Quando a humanidade chegou ao estado positivo, foi necessário que elas se desenvolvessem de acordo com a complexidade de seus objetos, começando pelos mais simples até chegar aos mais complexos. A história das ciências também comporta fases. Segundo Comte (1978, p. 09): "já que agora o espírito humano fundou a física celeste; a física terrestre [...]; a física orgânica, seja vegetal, seja animal; resta-lhe, para terminar o sistema das ciências de observação, fundar a **física social**". Em outros termos, o caminhar da ciência envolve os seguintes passos:

Matemática → Astronomia → Física → Química → Biologia → Sociologia

Neste esquema, a sociologia é a última das ciências, aquela que completaria o quadro geral do conhecimento positivo. A sociologia é entendida por Comte de modo amplo, incluindo-se nela todo o conjunto das chamadas ciências humanas, como a filosofia, a história, a moral, a psicologia, a política, a economia, etc. Como a sociologia representa uma continuidade quase natural em relação aos outros tipos de ciência (física, química, biologia, etc.), Comte achava que ela teria que proceder da mesma forma que estas ciências, ou seja, sua função seria estabelecer um sistema completo de leis que explicassem o comportamento dos homens na sociedade:

> Entendo por **Física Social** a ciência que tem por objeto próprio o estudo dos fenômenos sociais, considerados com o mesmo espírito que os fenômenos astronômicos, químicos e fisiológicos, isto é, como submetidos a leis naturais invariáveis, cuja descoberta é o objetivo especial de suas pesquisas [...]. O espírito dessa ciência consiste, sobretudo, em ver, no estudo aprofundado do passado, a verdadeira explicação do presente e a manifestação geral do futuro (COMTE, 1989, p. 53).

As ciências possuíam a mesma forma de proceder e, cabia à sociologia, ciência ainda em desenvolvimento, adotar o método das ciências já maduras e desenvolvidas. O que Comte propunha era uma "ciência natural da sociedade". Mais tarde, ao trocar o nome de "Física Social" por "Sociologia", ele retoma esta ideia:

> Acredito que devo arriscar, desde agora, este termo novo, **sociologia**, exatamente equivalente à minha expressão, já introduzida, de **física social**, a fim de poder designar por um nome único esta parte complementar da filosofia natural que se relaciona com o estudo positivo do conjunto das leis fundamentais apropriadas aos fenômenos sociais (COMTE, 1989, p. 61).

Do ponto de vista metodológico, a sociologia deveria ser dividida em dois campos essenciais: a estática e a dinâmica.

a) Estática social: estudo das condições constantes da sociedade ou da ordem;

b) Dinâmica social: estudo das leis de desenvolvimento histórico de qualquer sociedade, ou seja, do progresso.

Com base nestes dois elementos, Comte fez uma análise da sociedade de seu tempo e concluiu que o problema central das sociedades modernas era a falta de harmonia entre a dimensão da **ordem** e do **progresso**. Na sociedade medieval, o poder espiritual da igreja garantia a ordem e a harmonia social, mas faltava o desenvolvimento tecnológico, pois a sociedade era dominada por um espírito guerreiro. Neste tipo de sociedade existia um poder teológico-militar. Com o advento da sociedade moderna, a partir da Revolução Francesa e da Revolução Industrial, a sociedade impulsionou o progresso, mas a ordem social foi abalada por intensas transformações. Era necessário harmonizar estes princípios através de uma revolução espiritual. Na nascente sociedade industrial, a organização social deveria ser dirigida por um novo poder espiritual – os cientistas – e um novo poder temporal: os empresários industriais. Criar as ideias capazes de fundir a ordem com o progresso era a meta do pensamento comtiano.

A filosofia positivista e a sociologia positivista estão intimamente ligadas, pois a primeira serve como base epistemológica para a segunda. De acordo com a versão filosófica do positivismo, a única explicação coerente da realidade é dada pela ciência que consiste em explicar a realidade a partir de relações necessárias entre os fenômenos (como fazem as ciências da natureza). É desta premissa que deriva a concepção positivista de sociologia que advoga que cabe à sociologia adotar o método das ciências naturais e verificar quais são as leis que operam na realidade social.

Nos anos 20 e 30, os pressupostos do positivismo filosófico foram retomados e ampliados por um grupo de pensadores aglutinados sob a denominação de "Círculo de Viena", "positivismo lógico" ou "empirismo lógico". Essencialmente antimetafísicos e defensores de uma ciência radicalmente empirista faziam parte deste grupo autores como Moritz Schlick (1882-1936), Rudolf Carnap (1891-1970), Otto Neurath (1882-1945) e Ernest Nagel (1901-1985), entre outros. Atualmente, os pressupostos do positivismo, enquanto postura filosófica, são fortemente questionados pelos autores do chamado "pós-positivismo" como Karl Popper (1902-1994), Thomas Kuhn (1922-1996), Paul Feyerabend (1924-1994) e Imre Lakatos (1922-1974). No campo da sociologia, a ideia da unidade do método científico (entre ciências naturais e humanas) e a postura de radical neutralidade política da sociologia foram defendidas no decorrer dos anos 60 e 70 do século XX por teóricos como Talcott Parsons (1902-1979) e pelo próprio Karl Popper.

Ainda que as ideias de Augusto Comte estejam amplamente superadas, elas lançaram as bases da sociologia. Reunindo as contribuições dos principais pensadores de seu tempo, este autor teve o mérito de propor uma definição e um método para o estudo dos fenômenos sociais que até então ainda não havia sido formulada. É por essa razão que Augusto Comte é considerado como o pai fundador da sociologia.

Bibliografia

a) Origens da sociologia

BOBBIO, Norberto. **Sociedade e Estado na filosofia política moderna.** 4. ed. São Paulo: Brasiliense, 1994.

FOUCAULT, Michel. **As palavras e as coisas.** São Paulo: Martins Fontes, 1995.

GIDDENS, Anthony. Quatro mitos na história do pensamento social. **Em defesa da sociologia**: ensaios, interpretações e tréplicas. São Paulo: Unesp, 2001, p. 181-216.

______. **As consequências da modernidade**. São Paulo: Unesp, 1991.

HABERMAS, Jürgen. **Teoria de la acción comunicativa**: racionalidad de la acción y racionalización social. Vol. I. Madri: Taurus, 1987.

IANNI, Octavio. A sociologia e o mundo moderno. **Tempo Brasileiro** – Revista de sociologia da USP, n. 01, 1989, p. 23-249.

LEPENIES, Wolf. **As três culturas**. São Paulo: Edusp, 1996.

NISBET, Robert. **La tradition sociologique**. 4. ed. Paris: PUF, 2005.

POPPER, Karl. A lógica da investigação científica. **Os pensadores.** São Paulo: Nova Cultural, 1995.

b) Manuais e dicionários de ciências sociais

BERGER, Peter. **Perspectivas sociológicas**: uma visão humanística. 6. ed. Petrópolis: Vozes, 1983.

BOBBIO, Norberto. **Dicionário de Política**. 2 vols. 8. ed. Brasília: UnB, 1995.

BOTTOMORE, Tom. **A sociologia como crítica social**. Rio de Janeiro: Zahar, 1976.

BOTTOMORE, Tom & OUTHWAITE, Willian. **Dicionário do Pensamento Social do Século XX**. Rio de Janeiro: Zahar, 1996.

BOUDON, Raymond & BORRICAUD, François. **Dicionário Crítico de Sociologia**. [s.l.]: [s.e.], 1993.

BOURDIEU, Pierre & CHAMBOREDON, J.C. **A profissão do sociólogo**: preliminares epistemológicas. Petrópolis: Vozes, 2000.

BOUTHOL, Gaston. **História da sociologia**. São Paulo: Difel, 1980.

DEMO, Pedro. **Sociologia**: uma introdução crítica. 2. ed. São Paulo: Atlas, 1987.

JOHNSON, Allan G. **Dicionário de Sociologia**: guia prático da linguagem sociológica. Rio de Janeiro: Zahar, 1967.

LAKATOS, Eva M. **Sociologia geral**. 6. ed. São Paulo: Atlas, 1990.

MANNHEIM, Karl. **Sociologia sistemática**: uma introdução ao estudo da sociologia. São Paulo: Livraria Pioneira, 1962.

MARTINS, Carlos B. **O que é sociologia**. São Paulo: Brasiliense, 1994.

MARCELLINO, Nelson C. **Introdução às ciências sociais**. 4. ed. Campinas: Papirus, 1991.

MILLS, Charles W. **A imaginação sociológica**. Rio de Janeiro: Zahar, 1982.

TOMAZI, Nelson D. & ALVAREZ, Marcos C. **Introdução à sociologia**. São Paulo: Atual, 1999.

TRUJILLO-FERRARI, Alfonso. **Fundamentos de sociologia**. São Paulo: Mc Graw-Hill, 1983.

c) Teoria social clássica

ARON, Raymond. **As etapas do pensamento sociológico**. 4. ed. São Paulo: Martins Fontes, 1993.

BOTTOMORE, Tom & NISBET, Robert. **História da análise sociológica**. Rio de Janeiro: Zahar, 1980.

CASTRO, Ana M. & DIAS, Edmundo F. **Introdução ao pensamento sociológico**: Durkheim, Weber, Marx e Parsons. 9. ed. São Paulo: Moraes, 1992, p. 3-30.

CRUZ, M. Braga. **Teorias sociológicas**. Lisboa: Fundação Calouste Gulbenkian, 1988.

COHN, Gabriel (org.). **Sociologia: para ler os clássicos** – Durkheim, Marx, Weber. Rio de Janeiro: Azougue, 2005.

CUIN, Charles-Henry. **História da sociologia**. São Paulo: Ensaio, 1994.

DOMINGUES, Ivan. **Epistemologia das ciências humanas** – Tomo 1: Positivismo e hermenêutica: Durkheim e Weber. São Paulo: Loyola, 2004.

FERNANDES, Florestan. **A natureza sociológica da sociologia**. São Paulo: Ática, 1980.

FERREIRA, J.M. Carvalho. **Sociologia**. Lisboa: McGraw-Hill, 1995.

FORACHI, Marialice M.. & MARTINS, José de Souza. **Sociologia e sociedade** – Leituras de introdução à sociologia. Rio de Janeiro: Livros Técnicos e científicos, 1980.

GIDDENS, Anthony. **Capitalismo e moderna teoria social**. Lisboa: Presença, 1994.

HIRANO, Sedi. **Castas, estamentos e classes sociais**: uma comparação entre o pensamento de Marx e Weber. São Paulo: Alfa-Ômega, 1974.

LALLEMENT, Michel. **História das ideias sociológicas**. 2 vols. Petrópolis: Vozes, 2003.

LEVINE, Donald. **Visões da tradição sociológica**. Rio de Janeiro: Zahar, 1997.

LOWY, Michel. **Ideologias e ciência social**. 11. ed. São Paulo: Cortez, 1996.

QUINTANEIRO, Tania; BARBOSA, Maria L. & OLIVEIRA, Márcia G. **Um toque de clássicos**: Durkheim, Weber e Marx. Belo Horizonte: UFMG, 1996.

ROCHER, Guy. **Sociologia geral**. 3. ed. Lisboa: Presença, 1977.

STOMPKA, Piotr. **Sociologia da mudança social**. Rio de Janeiro: Civilização Brasileira, 1998.

TIMASCHEFF, Nicholas. **Teoria sociológica**. 2. ed. Rio de Janeiro: Zahar, 1965.

TRINDADE, Liana S. **As raízes ideológicas das teorias sociais**. São Paulo: Ática, 1980.

d) Augusto Comte

ARANA, Hermas Gonçalves. **Positivismo:** reabrindo o debate. São Paulo: Autores Associados, 2007.

BASTIDE, Paul Arbousse. **Augusto Comte**. Lisboa: Edições 70, 1984.

BENOIT, Lelita O. **Augusto Comte**: fundador da física social. São Paulo: Moderna, 2006.

______. **Sociologia comteana:** gênese e devir. São Paulo: Discurso, 1999.

BRUNI, José C. **Poder e ordem social na obra de Augusto Comte**. São Paulo: Fflch/USP, 1989 [Tese de doutorado].

COELHO, Ruy. **Indivíduo e sociedade na teoria de Augusto Comte**. São Paulo: Perspectiva, 2005.

COMTE, Augusto. **Os pensadores.** São Paulo: Abril, 1978.

______. **Reorganizar a sociedade**. 2. ed. São Paulo: Guimarães, 1993.

CRUZ COSTA, J. **Augusto Comte e as origens do positivismo**. São Paulo: Cia. Nacional, 1959.

GIDDENS, Anthony. Augusto Comte e o positivismo. **Em defesa da sociologia**: ensaios, interpretações e tréplicas. São Paulo: Unesp, 2001, p. 217-228.

______. Comte, Popper e o positivismo. **Política, sociologia e teoria social:** encontros com o pensamento social clássico e contemporâneo. São Paulo: Unesp, 1998, p. 169-240.

LACERDA, Gustavo Bicaia de. *O momento comtiano*: república e política no pensamento de Augusto Comte. Tese de doutorado em Sociologia Política: UFSC, 2010.

LAURENT, Fedi. **Comte**. São Paulo: Estação Liberdade, 2008.

MORAES FILHO, Evaristo (org.). **Comte.** 3. ed. São Paulo: Ática, 1989 [Coleção Grandes Cientistas Sociais, n. 07].

PERRONE-MOISÉS, Leyla (org.). **Do positivismo à desconstrução:** ideias francesas na América. São Paulo: Edusp, 2004.

SOARES, Mozart Pereira. **O positivismo no Brasil**. São Paulo: Age, s.d.

TINSKI, Sérgio. **A questão da religião em Augusto Comte**. [s.l.]: Cidade, 2006.

TRINDADE, Hélgio (org.). **O positivismo**: teoria e prática. Porto Alegre: UFRGS, 2007.

Capítulo II
Karl Marx

Embora sua vasta obra não tivesse como objetivo a fundação da sociologia enquanto ciência, Karl Marx elaborou uma ampla teoria social cujo escopo fundamental foi compreender a modernidade em sua dimensão econômica. Em sua análise do modo de produção capitalista, ele criticou este sistema econômico que, na sua visão, era marcado por relações de exploração e alienação. Desta forma, seu pensamento exerceu uma importância decisiva para o desenvolvimento da sociologia que sempre debateu e, em determinadas correntes, incorporou parte de suas reflexões para o entendimento da sociedade moderna. É por essa razão que Marx foi incluído entre os "clássicos" da sociologia e, neste sentido, costuma ser considerado um dos grandes "precursores" e, sob certo aspecto, "fundadores" do pensamento sociológico.

Vinculada diretamente a uma visão política, a interpretação da obra de Marx sempre provocou as mais agudas polêmicas. Mesmo as escolas marxistas divergem sobre o significado de sua obra, o que torna difícil distinguir o pensamento marxiano (de Marx) do marxismo (teorias que partem de Marx). Atualmente, a queda do muro de Berlim e o fim do comunismo não apenas colocaram em derrocada seu projeto político, mas também acentuaram ainda mais os questionamentos sobre a atualidade e mesmo validade de suas teses. Apesar das divergências, defensores e críticos de seu pensamento são unânimes em reconhecer que Marx constitui um autor de fundamental importância histórica no debate intelectual e sociopolítico da modernidade. Refletir sobre temas tão complexos e polêmicos demanda um estudo cuidadoso de sua obra. Neste capítulo, nosso objetivo será oferecer ao leitor, na medida do possível, uma compreensão dos elementos básicos de seu pensamento e, principalmente, de sua influência na história da sociologia.

1. Vida e obras

Karl Marx nasceu em **Trier**, no dia 5 de maio de 1818. Nesta cidade ele também realizou seus primeiros estudos. Em 1835, o jovem Marx vai estudar direito em Bonn, mas já em 1836 transfere-se para Berlim, onde parte para o estudo da filosofia e aproxima-se do pensamento de Hegel. Em 1841, obteve a tese de doutorado, defendida na cidade de Iena. Todavia, a perseguição do governo alemão aos críticos de Hegel (chamados de esquerda hegeliana), bem como sua amizade com o filósofo Bruno Bauer (1809-1872), membro desta corrente, impediram-no de seguir a carreira como professor universitário.

Por isso, em 1842, Marx tornou-se editor do jornal Gazeta Renana, da cidade de **Colônia**. O contato com os problemas sociais exerceu uma grande influência na vida do pensador, provocando também violentas críticas de sua parte, o que acaba resultando no fechamento do jornal. Marx decide-se então mudar para Paris, a fim de continuar seus estudos críticos. Antes de partir, ele se casa com Jenny von Westphalen, com quem teria seis filhos: Jenny, Laura, Edgar, Guido, Francisca e Eleanor.

Marx permaneceu em **Paris** de 1843 até o início de 1845. Nesta cidade, além de tomar contato com os grupos socialistas franceses, ele ajudou a fundar a Revista *Anais Franco-alemães*, editada uma única vez. Foi também nesta cidade, em 1844, que Marx começou sua amizade com Friedrich Engels (1820-1895) que tinha publicado um artigo nesta revista.

Em fins de 1844, Marx foi expulso de Paris e mudou-se para **Bruxelas**, onde começa a envolver-se com as atividades políticas do movimento dos trabalhadores. Na capital da Bélgica ele participa da fundação da Liga dos Comunistas para quem redige o Manifesto do Partido Comunista, em 1848. Em junho do mesmo ano acompanha as insurreições de Paris e em 1849 participa da revolução alemã, tendo fundado, na cidade de Colônia, o jornal *Nova Gazeta Renana*, que ele mesmo dirigiu.

Com o fracasso da revolução alemã, Marx parte para o exílio, chegando a **Londres** no ano de 1850. Na Inglaterra, ele interrompe suas atividades políticas, iniciando, na Biblioteca Pública da cidade, um profundo estudo sobre o modo de produção capitalista, cujo maior resultado é a obra *O capital* (1867). Em 1864 ele re-inicia suas atividades políticas com a fundação da *I Internacional* (1864-1872) que se propunha ser um órgão articulador do movimento comunista em nível internacional. Por causa da divergência com os anarquistas, a *I Internacional* é dissolvida em 1872. Marx falece em Londres, no dia 14 de março de 1883, um ano depois da morte de sua mulher.

As principais obras de Marx, algumas escritas a duas mãos com seu companheiro Friedrich Engels (assinaladas em itálico), são as seguintes:

- 1841: *Diferença entre as filosofias da natureza de Demócrito e Epicuro* [Tese de doutorado]
- 1843: *Crítica da filosofia do direito de Hegel* [manuscritos]
- 1884: *A questão judaica (Anais Franco-alemães)*
Introdução à crítica da filosofia do direito de Hegel (Anais...)
Manuscritos econômico-filosóficos
- 1845: *Teses sobre Feuerbach*
A sagrada família

- 1846: *A ideologia alemã*
- 1847: *Miséria da filosofia*
- 1848: *Manifesto do Partido Comunista*
- 1850: *A luta de classes na França*
- 1852: *O 18 brumário de Luís Bonaparte*
- 1857-1858: *Grundrisse* (ou "Esboço" de uma crítica da economia política)
- 1859: *Contribuição à crítica da economia política*
- 1864: *Manifesto de lançamento da 1ª Internacional*
- 1865: *Salário, preço e lucro*
- 1867: *O capital* (Livro I)
- 1871: *A guerra civil na França*
- 1875: *Crítica ao programa de Gotha*

Marx produziu uma vasta obra e trata de assuntos tão variados como filosofia, política, história, religião e economia, tornando bastante difícil uma periodização de seu pensamento. Mas, de acordo com seus principais intérpretes, ele forma suas convicções básicas até os anos de 1845/1846 (Bruxelas), apresentando-as na **Ideologia alemã**, na qual o próprio autor declara ter rompido definitivamente com as premissas da filosofia neo-hegeliana de Feuerbach. Tomando como indicador estas datas, podemos perceber que o pensamento de Marx se move dentro de duas fases:

JOVEM MARX ————- Ideologia Alemã ————- MARX MADURO
Marx filósofo (1846) Marx economista

Existe um intenso debate entre os estudiosos do marxismo a respeito das relações entre o "jovem Marx" e o "Marx maduro". Para Louis Althusser (1918-1991), por exemplo, as obras da primeira fase ainda são "pré-marxistas" porque Marx ainda não tinha formado o núcleo básico de seu pensamento e dependia bastante das ideias de Feuerbach. Será somente a partir de 1845 que acontece uma "ruptura epistemológica" mediante a qual ele estabelece uma visão científica da sociedade fundada na análise do capitalismo. Esta visão fortemente "positivista" é contestada por autores que insistem no caráter "humanista" e dialético do pensamento de Marx. Pensadores como Henri Lefèbvre (1905-1991) e Georg Lukács (1885-1971), entre outros, procuram demonstrar que as premissas filosóficas de Marx foram elaboradas já na fase inicial de seu pensamento e que, longe de haver uma ruptura, existe uma continuidade na trajetória intelectual deste autor.

Um dos grandes méritos do pensamento de Marx foi ter dialogado com as principais **correntes teóricas** do seu tempo. Na visão de seu amigo e colega de trabalho, Engels, Marx dialogou e absorveu três fontes básicas de pensamento:

1) **Filosofia alemã**. Marx, que era doutor em filosofia, começou suas análises teóricas integrando-se a um grupo de pensadores alemães chamado de *esquerda hegeliana* do qual faziam parte os filósofos David Strauss (1808-1874), Bruno Bauer (1809-1872), Arnold Ruge (1802-1880), Moses Hess (1812-1875), Max Stirner (1806-1856) e ainda Ludwig Feuerbach (1804-1872). Embora adotassem o ***método dialético*** de Georg Wilhelm **Hegel** (1770-1831), estes pensadores tinham uma atitude de crítica diante do pensamento deste autor, do qual eram estudiosos. A influência do pensamento hegeliano é, como logo vamos notar, uma das principais características do pensamento de Marx.

2) **Socialismo utópico**. Embora já tivesse algum conhecimento do socialismo, é na França que Marx vai ter um contato mais próximo com este movimento e seus intelectuais, como Charles Fourier (1772-1837), Saint Simon (1760-1825) e Pierre Joseph Proudhon (1809-1865). Marx chamaria este conjunto de pensadores de ***socialistas utópicos***, pois, embora eles fizessem críticas ao sistema capitalista, estariam equivocados ao não fazerem também uma análise profunda das leis de funcionamento do capitalismo e ao não reconhecerem a classe operária como a única possibilidade de construção do socialismo. Diante deste socialismo utópico, Marx pretende apresentar um ***socialismo científico***.

3) **Economia política**. Em seu período na Inglaterra, Marx realizou um profundo e longo estudo da ciência econômica, para mostrar as leis de funcionamento do modo de produção capitalista e apontar as possibilidades de sua superação. Neste estudo, ele aproveitou a contribuição de vários economistas ingleses, principalmente de Adam Smith (1723-1790) e de David Ricardo (1772-1823), que lhe tinham apontado o ***trabalho*** como o elemento-chave para se entender a esfera econômica.

2. Teoria sociológica

A teoria filosófica de Marx – posteriormente chamada de materialismo dialético – foi adotada por diversos pensadores como um novo conjunto de pressupostos filosóficos para a sociologia. Ao mesmo tempo, a sua teoria de análise da sociedade – chamada de materialismo histórico – foi empregada por certas correntes como um método de estudo para a realidade social. É por esta razão que podemos falar de uma "teoria sociológica marxista" cujos elementos analisamos a seguir.

2.1. Materialismo dialético

O ponto de partida do pensamento de Marx é uma crítica radical de toda filosofia hegeliana, como ele deixa claro no texto **A ideologia alemã** de 1846:

> Quando na primavera de 1845, Friedrich Engels, veio se estabelecer também em Bruxelas, resolvemos trabalhar em conjunto, a fim de esclarecer o antagonismo existente entre a nossa maneira de ver e a concepção ideológica da filosofia alemã; tratava-se, de fato, de um ajuste de contas com a nossa consciência filosófica anterior. Este projeto foi realizado sob a forma de uma crítica da filosofia pós-hegeliana (MARX, 1978, p. 104).

Vejamos como, a partir do confronto com as ideias de Hegel e da esquerda hegeliana, Marx vai construindo as bases de seu pensamento filosófico.

a) Hegel

A principal herança que Hegel deixou no pensamento de Marx é a adoção do método dialético. A noção de "dialética" possui uma longa história no pensamento filosófico. Esta história começa com Heráclito, passando por Platão, Kant e outros pensadores; até chegar a Hegel, que vai sistematizar o método dialético no seu sentido moderno. Marx, que era um membro da esquerda hegeliana, adotará este método, mas conservará uma atitude crítica diante do mesmo, como ele próprio declara nesta passagem (Posfácio da 2ª edição de **O capital**, de 1873):

> Meu método dialético, por seu fundamento, difere do método hegeliano, sendo a ele inteiramente oposto [...]. **Em Hegel, a dialética está de cabeça para baixo** [grifo meu]. É necessário pô-la de cabeça para cima, a fim de descobrir a substância racional dentro do invólucro místico (MARX, 1994, p. 16).

A dialética de Hegel possui duas dimensões. Do ponto de vista ontológico ela é uma filosofia que possui uma determinada concepção da estrutura da realidade. Já do ponto de vista metodológico, ela é uma filosofia que nos apresenta um método para compreender o conjunto do real.

Sob o **aspecto ontológico**, a intenção da filosofia hegeliana é explicar a realidade como "devir", ou seja, como uma constante transformação. Neste sentido, os filósofos marxistas sempre ressaltaram que esta postura filosófica opõe-se diretamente à filosofia metafísica. Ao contrário da dialética, para a metafísica a realidade possui uma essência que a define. Embora os entes se modifiquem, sustenta a metafísica, a "essência" destes entes permanece a mesma. Este debate é antigo e já começa com a oposição entre Parmênides e Heráclito na filosofia pré-socrática. Enquanto a metafísica de Parmênides ressalta o elemento estático da realidade contido na ideia de "ser", a dialética de Heráclito acentua o aspecto dinâmico do real contido no conceito de "vir a ser".

Para Hegel, a realidade está em contínua transformação porque todo ser é intrinsecamente contraditório, ou seja, sua existência já contém em si sua própria negação. Entre os exemplos citados por Hegel para entender a contradição está o exemplo da flor. Como tal, uma flor é a negação da semente e, por sua vez, ela é negada pelo fruto. Neste caso estamos diante de transformações que são explicadas pela superação contínua das oposições geradas em cada um destes momentos do processo. Esta ideia é chamada de princípio da contradição. Para Hegel, a ideia de que todos os seres são contraditórios é um princípio que governa toda a realidade. É o fato de que todo ser é contraditório que explica a causa do movimento ou do devir contínuo.

São estes dois aspectos que formam a essência da ontologia dialética de Hegel. Segundo o autor, (1) a realidade é uma contínua transformação (2) cuja causa ou razão é a contradição, ou seja, o fato de que todos os seres contêm em si sua própria negação.

Entretanto, para o pensamento de Hegel, não era apenas cada ser em particular que estava submetido à evolução dialética. Toda a realidade evolui dialeticamente e faz parte de um movimento constante. Para Hegel tudo é história: toda a realidade é modificação, transformação ou movimento que são gerados pela contradição.

Foi para explicar a evolução histórica que Hegel construiu sua filosofia, chamada de "idealismo absoluto". Seguindo a tradição de outros filósofos alemães, como Schelling (1775-1854) e Fichte (1762-1814), Hegel achava que em seu fundamento tudo era essencialmente pensamento, ou seja, ideia: "Tudo o que é real é racional e tudo o que é racional é real". Através deste enunciado podemos perceber que Hegel recusava a divisão da realidade entre pensamento e matéria, espírito e corpo, ideal e real. Ele concebia a realidade como unidade destes opostos, afirmando que o conjunto da realidade é Espírito, qual seja, síntese que supera a oposição entre ideia e matéria.

Como esta é uma tese de difícil apreensão, podemos imaginar que Hegel concebe a história em três momentos. No início existe apenas o pensamento puro, ou, a "ideia" em si mesma. Em um segundo momento, seguindo o princípio da contradição, a ideia aliena-se (sai de si mesma) e torna-se o seu contrário: a matéria. Passamos a ter, então, uma oposição entre ideia e matéria que reclama uma superação. Desta contradição nasce o Espírito, quer dizer, a superação das contradições entre o pensamento e a matéria. Em suma, para Hegel a história é o movimento do Espírito (ou ideia) que sai de si mesmo e retorna a si mesmo. Por isso sua teoria é chamada de "idealismo dialético". No entanto, na filosofia hegeliana estes três momentos não são estanques e sucessivos, pois são a própria estrutura da realidade. Podemos resumir a ontologia de Hegel da seguinte forma:

Idealismo Dialético		
TESE	Ideia em si	Lógica
ANTÍTESE	Ideia fora de si	Filosofia da natureza
SÍNTESE	Ideia em si e para si	Filosofia do espírito

O segundo elemento da filosofia hegeliana é seu **aspecto metodológico**. A explicação da realidade deve ser conduzida por um método que esteja de acordo com a própria natureza do real. É por esta razão que Hegel vai propor um método dialético, ou seja, uma forma de pensamento e análise que capte a realidade enquanto vir a ser ou devir. Para realizar este intento, o método dialético concebe o ser e todos os entes segundo três momentos fundamentais, que Hegel assim descreve: "A lógica tem, segundo a forma, três lados: a) o lado abstrato ou do entendimento; b) o dialético ou negativamente-racional; c) o especulativo ou positivamente racional" (HEGEL, 1995, p. 159). Os intérpretes de Hegel apresentam estes momentos segundo o esquema "tese-antítese-síntese". Seguindo os próprios termos de Hegel (1995, p. 159-166), cada um destes momentos pode ser assim descrito:

- **Tese** ou momento da afirmação: "o pensar enquanto entendimento fica na determinidade fixa e na diferenciação dela em relação à outra determinidade".
- **Antítese** ou momento da negação: "o momento dialético é o próprio suprassumir-se de tais determinações finitas e seu ultrapassar para suas opostas".
- **Síntese**: momento da superação (Aufheben) ou negação da negação: "o especulativo ou positivamente racional apreende a unidade das determinações em sua oposição: o afirmativo que está contido em sua resolução e em sua passagem a outra coisa".

Na visão hegeliana, a realidade é movida pelas contradições e todos os entes do mundo obedecem a evolução dialética expressa nas categorias "tese – antítese – síntese". Cada síntese transforma-se em uma nova tese, e assim o movimento continua.

Hegel concebia a história como a "tomada de consciência" que a Ideia ou o Espírito Absoluto realiza de si mesma. Esta história de autoconsciência do Espírito também acontece em cada indivíduo em particular e Hegel descreve este processo em uma de suas mais famosas obras: **A fenomenologia do espírito**, escrita em 1807. Nesta obra, a análise dialética que ele realizou da relação entre o senhor e o servo exerceu profunda influência nas análises de Marx.

b) Marx, crítico de Hegel

Marx, embora não rejeitasse o método dialético, afirmava que seu pensamento estava de cabeça para baixo. Era necessário separar o que em Hegel é "invólucro místico" de sua "substância racional". Para Marx, isso se resolveria alterando o fundamento do método dialético. No lugar do "pensamento" seria necessário colocar a "matéria". Afinal, em Hegel:

> o processo de pensamento – que ele transforma em sujeito autônomo sob o nome de ideia – é o criador do real, e o real é apenas sua manifestação externa. Para mim, ao contrário, o ideal não é mais do que o **material** transposto para a cabeça do ser humano e por ela interpretado (MARX, 1994, p. 17, grifo meu).

Portanto, do **ponto de vista ontológico**, as visões de Marx e Hegel são completamente distintas. De acordo com Marx, o equívoco da esquerda hegeliana estava no fato de que "até em seus últimos esforços, a crítica alemã não abandonou o terreno da filosofia. Longe de examinar seus pressupostos gerais, todas as suas questões brotaram de um sistema filosófico determinado, o sistema hegeliano" (MARX, 1993, p. 23). Se as bases do pensamento filosófico são ideológicas (falsas representações), e as críticas ao mesmo não conseguem romper sua dependência para com Hegel, Marx se lança ao desafio de colocar o pensamento humano em novas bases. Ao contrário de Hegel, dizia ele, os pressupostos de seu pensamento "[...] são pressupostos reais de que não se pode fazer abstração a não ser na imaginação. São indivíduos reais, sua ação e suas condições materiais de vida, tanto aquelas já encontradas, como as produzidas por sua própria ação" (MARX, 1993, p. 26).

Quais seriam estes pressupostos? Na obra **A ideologia alemã** (MARX, 1993, p. 39-43) ele esclarece que:

> O **primeiro** pressuposto básico da história é que os homens devem estar em condições de viver para fazer história. A primeira realidade histórica é a produção da vida material.
>
> O **segundo** pressuposto é que tão logo a primeira necessidade é satisfeita, a ação de satisfazê-la e o instrumento já adquirido para essa satisfação criam novas necessidades. E essa produção de necessidades novas é o primeiro ato histórico.
>
> O **terceiro** pressuposto existente desde o início da evolução histórica é o de que os homens, que renovam diariamente sua própria vida, se põem a criar outros, a se reproduzirem – é a relação entre homem e mulher, pais e filhos – é a família.
>
> Segue-se um **quarto** pressuposto, de que um modo de produção ou um estágio industrial está sempre ligado a um modo de cooperação. A massa das forças produtivas determina o estado social.

Finalmente, somente depois de ter examinado os pontos anteriores, no **quinto** pressuposto é que se pode verificar, segundo Marx, "que o homem tem consciência". Em sua visão, a consciência nasce da necessidade, da existência de intercâmbio com outros homens. A consciência é, desde o seu início, um produto social.

Estavam lançadas as bases para uma nova interpretação da história. Trata-se de uma inversão completa: "totalmente ao contrário do que ocorre na filosofia alemã, que desce do céu a terra, aqui se ascende da terra ao céu" (MARX, 1993, p. 37). De fato, ao afirmar que é a matéria que determina a consciência (ou o pensamento), Marx inverte completamente o sistema hegeliano. Como destacam seus comentadores, em Marx o ponto de partida do real não é mais o pensamento (idealismo dialético), mas a vida material (materialismo dialético). O pensamento de Marx poderia ser resumido (em contraste com Hegel), desta forma:

MATERIALISMO DIALÉTICO	
TESE	Matéria/Natureza
ANTÍTESE	Trabalho/Homem
SÍNTESE	História/Sociedade

Quanto ao **aspecto metodológico**, as passagens em que Marx esclarece os seus pressupostos epistemológicos dialéticos são bastante curtas e densas. Um dos trechos mais importantes pode ser encontrado na **Contribuição à crítica da economia política**. Neste texto, Marx procura diferenciar sua abordagem da economia política tradicional:

> Parece que o correto é começar pelo real e pelo concreto, que são a pressuposição prévia e efetiva; assim, em Economia, por exemplo, começar-se-ia pela população, que é a base e o sujeito do ato social de produção como um todo. No entanto, graças a uma observação mais atenta, tomamos conhecimento de que isto é falso (MARX, 1978, p. 116).

Marx explica ainda que "o primeiro constitui o caminho que foi historicamente seguido pela nascente economia política". Já o "último método é manifestamente o método cientificamente exato" (MARX, 1978, p. 116). Na explicação de Marx isto acontece porque:

> O concreto é concreto porque é a síntese de muitas determinações, isto é, unidade do diverso. Por isso o concreto aparece no pensamento como o processo de síntese, como resultado, não como ponto de partida efetivo e, portanto, o ponto de partida da intuição e da representação. No primeiro método, a representação plena volatiliza-se em determinações abstratas, no segundo, as determinações abstratas conduzem à reprodução do concreto por meio do pensamento. [...] o método que consiste em elevar-se do abstrato ao concreto não é senão a maneira de proceder do pensamento para se apropriar do concreto, para reproduzi-lo como concreto pensado (MARX, 1978, p. 16).

Na visão tradicional parte-se do concreto para chegar ao abstrato. Tomando os diversos objetos do mundo para serem explicados, o analista isola suas características gerais, desagregando-os dos outros elementos acidentais e, desta forma, chega a uma representação abstrata e geral da realidade. Marx, ao contrário, afirma que o método dialético tem como ponto de partida o abstrato para, a partir dele, chegar ao concreto. Em sua visão, o pensador deve partir dos conceitos mais abstratos e mais gerais porque eles contêm menos determinações, ou seja, o conteúdo e as características do conceito são mais simples, mais globais. À medida que a investigação prossegue, outros conceitos emergem e, ao contrário daquele, agregam mais elementos e características (na linguagem de Marx, determinações) e, neste sentido, são mais completos, ou seja, explicam a realidade com maior riqueza de detalhes. O método proposto por Marx significa começar pelas determinações mais simples (abstratas) até chegar ao concreto pensado, ou seja, até chegar à realidade em sua complexidade e multiplicidade, ou, como diria Marx, na sua rica diversidade de determinações e relações diversas. O concreto, assim, não é ponto de partida, mas o ponto de chegada do pensar, pois na medida em que contém em si uma descrição das diversas determinações da realidade, ele pode ser concebido como a reprodução da realidade em sua diversidade e complexidade no plano do pensamento. Trata-se, portanto, do concreto pensado.

O método e a interpretação dialética da história perpassam toda a obra de Marx. Nas suas análises das "contradições" de classe ou mesmo da mercadoria como "síntese" de valor de uso e de valor de troca podemos notar claramente como os conceitos de Marx são construídos a partir de uma visão dialética.

c) Feuerbach

No início de sua carreira, Marx fazia parte de um grupo de autores conhecidos como "esquerda hegeliana" que buscavam estudar o pensamento de Hegel de uma forma crítica. O principal expoente da esquerda hegeliana até aquele momento era o filósofo alemão Ludwig Feuerbach (1804-1872) cuja principal obra é **A essência do cristianismo**.

O principal objetivo da teoria filosófica de Feuerbach era criticar o aspecto religioso da filosofia hegeliana. Para este autor, a religião representa uma forma de alienação do homem. Por isso, Feuerbach busca substituir o idealismo de Hegel por uma postura materialista. Segundo ele, o segredo da teologia está na antropologia. O que este autor queria dizer é que não foi Deus quem criou o homem. Na verdade, foi o homem quem inventou Deus. Além disso, o homem não é a imagem e semelhança de Deus. Deus é a imagem e semelhança do homem. Como esta mudança foi acontecer? Quem colocou Deus no lugar do homem? Por que a realidade está invertida? Por que o mundo está de cabeça para baixo?

De acordo com a explicação de Feuerbach, a religião é uma projeção dos desejos do homem. A ideia de que Deus é um ser perfeito e absoluto emergiu porque representa a realização de todas as capacidades e potências do ser humano. Deus nada mais é do que o homem perfeito, a consciência idealizada que o homem tem de si mesmo. Deus, portanto, é a própria essência humana. Mas, em vez de reconhecer que a essência está nele mesmo, o homem a coloca fora dele, em um ser espiritual que ele mesmo projetou. Neste sentido, o fundamento da religião é a realidade humana e nisto consiste o seu conteúdo e sua verdade. Por outro lado, a religião e a ideia de Deus representam a separação do homem de sua essência e é neste aspecto que está sua negatividade. Neste caso, o homem está separado de seu próprio ser. Este fenômeno é chamado por Feuerbach como "alienação".

d) Marx, crítico de Feuerbach, e a alienação

A ideia ou conceito de alienação vai exercer uma enorme influência na obra de Marx. A inversão entre sujeito e predicado, ou a compreensão da realidade como uma inversão de seus fundamentos perpassa toda a análise crítica deste autor. Aliás, foi a adoção deste esquema que permitiu a Marx inverter o sujeito e o predicado da obra de Hegel, substituindo seu conteúdo ideal pela realidade material. Apesar de reconhecer a validade do esquema de Feuerbach, Marx criticou e procurou superar e radicalizar a reflexão deste autor, como se pode ler textualmente nas **Teses sobre Feuerbach**:

> Feuerbach parte da autoalienação religiosa, da duplicação do mundo num mundo religioso, imaginário e num mundo real. Seu trabalho consiste em dissolver o mundo religioso em seu fundamento terreno. Ele não vê que, depois de completado este trabalho, o principal ainda resta por fazer. Mas o fato de que este fundamento se eleve de si mesmo e se fixe nas nuvens como um reino autônomo, só pode ser explicado pelo autodilaceramento e pela própria autocontradição desse fundamento terreno. Este deve, pois, ser primeiro compreendido em sua contradição e depois revolucionado praticamente, pela eliminação da contradição (MARX, 1993, p. 127).

De acordo com esta crítica, Feuerbach aponta a alienação como fato, mas não consegue identificar suas causas e nem apontar para sua solução. O limite da reflexão de sua teoria é que ele parte do indivíduo como ser isolado e não dos homens como sujeitos de suas relações sociais. Os homens são tomados como objetos dados e não como sujeitos ativos. É exatamente este ponto que Marx critica em sua primeira tese: "O principal defeito de todo materialismo até aqui (incluído o de Feuerbach) consiste em que o objeto, a realidade, a sensibilidade, só é apreendido sob a forma de objeto ou de intuição, mas não como atividade humana sensível, como práxis, não subjetivamente" (MARX, 1993 p. 125).

Apesar de romper com Feuerbach, Marx reteve deste autor a ideia da alienação (Entfremdung). Isto vai aparecer claramente na obra mais importante do jovem Marx, chamada de **Manuscritos econômico-filosóficos** ou "Manuscritos de Paris".

Esta obra só veio a ser conhecida pelo público em 1932 e trouxe uma grande controvérsia entre os estudiosos do marxismo. A alienação significa que a "exteriorização" (*Eutäusserung*) e objetivação dos bens sociais que resultaram do processo de trabalho tornam-se autônomos e independentes do homem, apresentando-se como realidades "estranhas" (*Entfremdung*) e opostas a ele, como um ser alheio que o domina. O trabalho inverte seu papel e, de meio para a realização do indivíduo como ser humano, passa a negar e impedir o desenvolvimento de sua natureza. É neste sentido que o capitalismo aliena o homem de sua própria essência que é o trabalho. O capitalismo, e seu fundamento, a realidade privada, seria a causa desta inversão. De acordo com as ideias contidas neste texto, a alienação humana ocorre segundo diferentes processos e dimensões:

- **Alienação do produto do seu próprio trabalho**: aquilo que o trabalhador produz no capitalismo não pertence a ele. Pertence ao proprietário capitalista, ao dono dos meios de produção. Aqui o homem aliena, ou seja, perde o controle daquilo que ele mesmo produz, quer dizer, do objeto de trabalho.
- **Alienação do processo de produção:** na economia capitalista, o trabalhador também não controla a atividade de produzir. Esta capacidade é vendida por ele ao proprietário. No processo de produção o trabalhador também aliena sua atividade. Ela não lhe pertence e é controlada por outra pessoa.
- **Alienação de sua própria natureza humana**: a principal consequência da propriedade privada e do capitalismo é que o homem está alienado de si mesmo, ou seja, de sua natureza como ser humano, de seu ser genérico. Isto acontece porque o trabalho – que é o elemento que o diferencia das outras espécies – não está mais a serviço da hominização e humanização. A realidade se inverte. O trabalho não está a serviço do homem, pois ambos estão submetidos à lógica do capital.
- **Alienação do homem de sua própria espécie**: a alienação atinge a relação dos homens entre si, pois, na forma capitalista, as relações passam a ser mediadas e controladas pelo capital, seja pela relação empregador e empregado, seja pela mercantilização das demais relações sociais. O homem está alienado de seus semelhantes.

Os "Manuscritos de Paris" provocaram intensas discussões entre os estudiosos marxistas. Segundo alguns, ela seria uma obra "idealista" e "metafísica" pelo fato de Marx referir-se a uma suposta "essência" humana. Para outros, o conceito de alienação é um dos aspectos centrais do pensamento de Marx e será retomado na obra madura deste autor através do conceito de "fetichismo da mercadoria". Apesar das polêmicas, a influência de Feuerbach sobre o pensamento de Marx é fundamental para entender este autor, como o próprio companheiro de Marx deixa claro no texto que escreveu em 1886, intitulado "Ludwig Feuerbach e o fim da filosofia clássica alemã".

e) Dialética e epistemologia sociológica

A expressão materialismo dialético não foi criada por Marx, mas pelos seus intérpretes. De acordo com esta visão, a filosofia marxista seria uma síntese da dialética hegeliana e do materialismo de Feuerbach. Do primeiro, Marx absorve o método dialético, mas rejeita o conteúdo idealista. Do segundo, ele retém o fundamento materialista, mas sem sua visão estática da realidade material. É desta combinação que resulta o denominado "materialismo dialético".

O desenvolvimento das ideias dialéticas no marxismo seguiu, basicamente, dois grandes caminhos. A partir das sistematizações de Friedrich Engels e de teóricos como Plekhanov (1856-1918), a dialética foi concebida como um conjunto de leis que explicam a evolução da natureza e da sociedade. Para esta vertente, a dialética pode ser apresentada segundo três leis:

- Lei da passagem da quantidade à qualidade;
- Lei da interpenetração dos contrários;
- Lei da negação da negação.

No entanto, esta visão foi fortemente contestada por Georg Lukács (1885-1971), para quem o método de análise dialético foi concebido por Marx para explicar a realidade social e não as formas de evolução natural.

A diferença fundamental entre estas duas visões é que a primeira corrente levou o pensamento de Marx na direção de uma interpretação fortemente determinista e evolucionista, bastante próxima da convicção positivista de que a realidade possui leis que explicam seu desenvolvimento. Do ponto de vista epistemológico esta visão não vê diferenças substanciais entre as ciências naturais e as ciências sociais, pois os dois âmbitos da realidade seriam movidos pelas leis da dialética. Já para a segunda vertente, a dialética aplica-se como método apenas ao campo das ciências sociais, pois o próprio Marx nunca pretendeu explicar o funcionamento das formas de vida da natureza.

Embora a dialética apreenda a realidade de forma relacional, os estudiosos de Marx chamam a atenção para o fato de que existe uma enorme ambiguidade na maneira pela qual ele trata das relações entre o agente social e a estrutura social. De fato, não é difícil encontrar em Marx elementos que nos permitem afirmar que ele sustenta, de forma paradoxal, as seguintes teses:

- *Individualismo metodológico*: o indivíduo é o fundamento da análise social. Está ideia está fortemente presente na afirmação de Marx feita em **O manifesto do Partido Comunista** de que "a história das sociedades é a história da luta de classes" ou mesmo na sua valorização do trabalho e da práxis social como elementos estruturantes da vida social. Aqui vemos uma postura que valoriza os indivíduos e destaca sua centralidade no processo social.

• *Holismo metodológico*: a sociedade é o fundamento da análise social. Quando afirma que a evolução social acontece por conta do desenvolvimento das forças produtivas e das relações de produção, Marx parece assumir a tese de que são as estruturas sociais (especialmente as econômicas) que orientam a conduta do ator social.

• *Dialética* entre indivíduo e sociedade. Ao afirmar, na obra **O 18 brumário**, que "os homens fazem a história, mas não a fazem como a querem; eles a fazem sob condições herdadas do passado", ele mostra o peso que as estruturas sociais exercem sobre os indivíduos, mas, dialeticamente, demonstra também que os homens partem destas mesmas estruturas para recriá-las pela sua própria ação.

Esta herança contraditória de Marx fez com que os estudiosos e pensadores marxistas caminhassem em diferentes direções, advindo daí teses que valorizam uma ou outra das posturas do pai do socialismo científico. De qualquer forma, a maioria dos estudiosos tende a concordar que, em seu conjunto, a valorização dos fatores econômicos como condicionantes dos processos sociais confere um forte caráter "holista" ou "estruturalista" ao pensamento deste autor.

2.2. Materialismo histórico

Em Marx, a história não é fruto do Espírito Absoluto, como em Hegel, mas é fruto do trabalho humano. São os homens, interagindo para satisfazer suas necessidades, que desencadeiam o processo histórico. É com base neste pressuposto geral que Marx se propôs a estudar a sociedade. Para ele, o estudo da sociedade começa quando tomamos consciência de que "o modo de produção da vida material condiciona o desenvolvimento da vida social, política e intelectual em geral" (MARX, 1992, p. 82-83).

Esta é a tese fundamental de Marx, e pode ser considerada a base de seu *método sociológico*. Para ele, o estudo da sociedade tem seu fundamento na economia (vida material do homem), que é o elemento que condiciona todo o desenvolvimento da vida social. É isto que Marx diz no Prefácio do livro **Contribuição à crítica da economia política** (1859), que pode ser considerado um resumo de seu método sociológico:

> O resultado geral a que cheguei e que, uma vez obtido, serviu de guia para meus estudos, pode formular-se, resumidamente, assim: na produção social da própria existência, [economia], os homens entram em relações determinadas, necessárias, independentes de sua vontade: estas **relações de produção** correspondem a um grau determinado de desenvolvimento de suas **forças produtivas** materiais. O conjunto dessas relações de produção constitui a **estrutura econômica** da sociedade, a base real sobre a qual se eleva uma **superestrutura** jurídica e po-

lítica e à qual correspondem formas sociais determinadas de consciência [grifos meus].

O método de análise sociológica de Marx pode ser apresentado desta forma:

<table>
<tr><td>Superestrutura política
(Superestrutura jurídica e política)</td><td>Superestrutura ideológica
(Formas sociais determinadas de consciência)</td></tr>
<tr><td colspan="2">Infraestrutura = forças produtivas + relações de produção
(Estrutura econômica da sociedade)</td></tr>
</table>

Vejamos como Marx concebe cada um destes níveis da vida social.

2.2.1. Infraestrutura

Para Marx, o elemento fundamental da economia é o trabalho. O ser humano, para sobreviver, precisa produzir os bens necessários para a satisfação de suas necessidades. É através do trabalho que o homem transforma a natureza e reproduz sua existência. De acordo com o esquema dialético de Marx, através do trabalho o homem supera sua condição de ser apenas natural e cria uma nova realidade: a vida social. A sociedade é justamente a síntese do eterno processo dialético pelo qual o homem atua sobre a natureza e a transforma:

> O trabalho é um processo de que participam o homem e a natureza, processo em que o ser humano com sua própria ação impulsiona, regula e controla seu intercâmbio material com a natureza [...]. Atuando assim sobre a natureza externa e modificando-a, ao mesmo tempo modifica sua própria natureza (MARX, 1994, p. 202).

O processo de trabalho envolve duas dimensões principais: a relação do homem com a natureza e a relação do homem com os outros homens no próprio processo de trabalho. Para aprofundar estes conceitos, vamos comentar e acompanhar a polêmica de Marx contra Joseph Proudhon, em carta que ele dirige a seu amigo Paul Annenkow.

A *relação do homem com a natureza* é mediada pela matéria-prima e pelos instrumentos de trabalho, que são os meios auxiliares que o homem desenvolve e que o auxiliam no processo de produção. O conjunto formado pela matéria-prima, pelos meios de produção e pelos próprios trabalhadores de uma sociedade é chamado por Marx de **forças produtivas.** As forças produtivas da sociedade correspondem a tudo aquilo que é utilizado pelo homem no processo de produção. A importância das forças produtivas na história pode ser percebida ao analisarmos a seguinte passagem do texto de Marx (1989, p. 432):

> O que é a sociedade, seja qual for a sua forma? – O produto da ação recíproca dos homens. Podem os homens escolher livremente esta ou aquela forma de sociedade? De modo algum [...]. Não é preciso acrescentar que os homens não escolhem livremente as suas **forças produtivas** – a base de toda a sua história –, pois toda força produtiva é uma força adquirida, o produto da atividade anterior. As forças produtivas são, portanto, o resultado da energia aplicada dos homens [...]. A consequência necessária: a história social dos homens nada mais é que a história do seu desenvolvimento individual, tenham ou não consciência disso.

Mas a produção (ou o processo de trabalho) não é um fenômeno isolado. Ela é também um fenômeno social, coletivo. Envolve, portanto, a *relação do homem com o próprio homem*. Por isso, no processo de trabalho, o homem cria também **relações de produção**. As relações de produção são as interações que os homens estabelecem entre si nas atividades produtivas. Corresponde, de forma geral, à divisão do trabalho, seja dentro de uma atividade específica, seja entre as diversas atividades em seu conjunto. Sobre o papel das relações de produção no processo histórico, Marx prossegue sua polêmica com Proudhon, afirmando que:

> Assim, por falta de conhecimentos históricos, o Sr. Proudhon não percebeu que os homens, ao desenvolverem as suas forças de produção, isto é, ao viverem, desenvolvem certas relações entre si, e que o modo de ser dessas relações muda necessariamente com a mudança e o crescimento dessas forças de produção [...]. O Sr. Proudhon entendeu muito bem que os homens produzem tecidos, linhos e seda; em verdade, um grande mérito ter entendido tal bagatela. O que, no entanto, o Sr. Proudhon não entendeu é que os homens produzem também as **relações sociais** de acordo com as suas forças produtivas, em que produzem linho e tecido (MARX, 1989, p. 43-438).

Para se entender a vida de uma sociedade é preciso acompanhar a evolução de suas forças produtivas, pois são elas que determinam o tipo de relações existentes, como diz o próprio Marx (1992, p. 83) em seu Prefácio:

> Em certa fase de seu desenvolvimento histórico, as forças produtivas da sociedade entram em contradição com as relações de produção existentes [...]. Abre-se, então, uma era de revolução social. A transformação que se produziu na base econômica transtorna mais ou menos lentamente toda a colossal superestrutura.

2.2.2. Superestrutura

Partindo da análise das relações de produção, Marx constatou que a sociedade se dividia em *classes sociais*. As classes sociais seriam fruto das relações que os homens estabelecem no processo de produção. Elas surgem quando um grupo social se apropria das forças ou meios de produção e se torna proprietário dos instrumentos de trabalho. As classes sociais dividem a sociedade em dois grupos fundamentais: os proprietários dos meios de produção e os não proprietários destes meios. Dito de outra forma é o fenômeno da propriedade privada que dá origem às classes sociais, ou seja, a divisão da sociedade entre proprietários e não proprietários. Sobre o tema das classes sociais, podemos apreciar a explicação que o próprio Marx (1992, p. 99) nos oferece em carta dirigida a J. Weydemeyer:

> No que a mim se refere, não me cabe o mérito de haver descoberto a existência das classes na sociedade moderna nem a luta entre elas. Muito antes de mim, alguns historiadores burgueses já haviam exposto o desenvolvimento histórico dessa luta de classes e alguns economistas burgueses a sua anatomia econômica. O que eu trouxe de novo foi a demonstração de que: 1) a existência das classes só se liga a determinadas fases históricas de desenvolvimento da produção; 2) a luta de classes conduz, necessariamente, à ditadura do proletariado; 3) esta mesma ditadura não é por si mais do que a transição para a abolição de todas as classes sociais e para uma sociedade sem classes.

Para consolidar o seu domínio sobre os não proprietários, as classes dominantes precisam fazer uso da *força*. É neste fator que Marx vê a origem do **Estado**. De modo geral, ele sustenta que o Estado é um instrumento criado pelas classes dominantes para garantir seu domínio econômico sobre as outras classes. As leis e as determinações do Estado estão sempre voltadas para o interesse da classe dos proprietários. Quando as leis e as normas do Estado falham, o poder estatal teria ainda o recurso da força para garantir os interesses das classes dominantes.

Um segundo instrumento das classes proprietárias para garantir seu domínio econômico estaria ligado à força das ideias, ou seja, a *ideologia*. Para Marx, as ideias da sociedade são as ideias da classe dominante. Esta tese enfatiza que quando uma classe se torna dominante (do ponto de vista econômico e político), ela também consegue difundir a sua "visão de mundo" e os seus valores. A ideologia é definida então como um conjunto de representações da realidade que servem para legitimar e consolidar o poder das classes dominantes. Segundo as palavras de Marx (1993, p. 72):

> As ideias da classe dominante são, em cada época, as ideias dominantes; isto é, a classe que é a força **material** dominante da sociedade é, ao mesmo tempo, sua força **espiritual** dominante. A classe que tem à sua disposição os meios de produção material dispõe, ao mesmo tempo, dos meios de produção espiritual, o que faz com que a ela sejam submetidas, ao mesmo tempo e em média, as ideias daqueles aos quais faltam os meios de produção espiritual. As ideias dominantes nada mais são do que a expressão ideal das relações materiais dominantes, as relações materiais dominantes concebidas como ideias; portanto, a expressão das relações que tornam uma classe a classe dominante; portanto, as ideias de sua dominação.

2.2.3. A história segundo Marx

A partir destes conceitos, Marx elaborou um novo ponto de vista para interpretar a história social. Para o autor, as sociedades se transformam quando os homens alteram o modo de produzir. É por esta razão que a teoria sociológica de Marx é chamada de "materialismo histórico". Analisando as transformações da infraestrutura ao longo da história, Marx elaborou um esquema de evolução da sociedade ocidental no qual as modificações das forças produtivas alteravam as relações de produção (classe sociais) e também produziam novas classes dominantes (Estado) e novas formas de compreender a realidade (ideologias).

Embora tivesse elaborado diferentes esquemas de evolução histórica (apresentadas especialmente em **A ideologia alemã**, **Grundrisse** e **Contribuição à Crítica da economia política**), Marx não nos forneceu estudos e explicações detalhadas de cada um dos momentos da evolução social. Foram os estudiosos baseados no marxismo que se empenharam em reconstruir cada uma destas fases, tomando como base algumas indicações fornecidas pelo próprio autor. O quadro abaixo (que parte dos termos que se consagraram na literatura marxista) procura ilustrar algumas das diferenças nos esquemas apresentados nas obras de Marx:

Marx: esquemas de evolução histórico-social		
Estudos marxistas	**A ideologia alemã**	**Prefácio de *Contribuição à crítica da economia política***
Modo de produção primitivo	Propriedade tribal	
Modo de produção escravista	Propriedade comunal e estatal	Modo de produção antigo
Modo de produção asiático		Modo de produção asiático
Modo de produção feudal	Propriedade feudal	Modo de produção feudal
Modo de produção capitalista	Propriedade capitalista	Modo de produção burguês moderno

Também podemos encontrar um esquema bastante diferente destes no estudo que Marx faz das sociedades pré-capitalistas em seu **Grundrisse**. Nestes esboços, ele apresenta anotações sobre as formas pré-capitalistas "germânicas", de "Roma", da "Grécia" e do mundo "Eslavo".

Apesar destas variações, vamos apresentar a evolução histórico-social na visão de Marx mesclando um esquema didático (baseado na distinção infraestrutura e superestrutura), com algumas referências tiradas do próprio autor, particularmente de **A ideologia alemã**, a obra em que ele apresenta esta evolução de forma mais detalhada.

Comecemos, pois, pelo "comunismo primitivo". Tomando como base os elementos do método marxista, esta forma de organização social poderia ser apresentada da seguinte forma:

1. Modo de produção primitivo	
Ideologia	Religião primitiva
Estado	Organização tribal
Relações de Produção	Propriedade coletiva Não há classes sociais
Forças Produtivas	Cultivo comum da terra

De acordo com a descrição de Marx (1996, p. 29-30), temos que:

A primeira forma de propriedade é a **propriedade tribal**. Ela corresponde à fase não desenvolvida da produção, em que um povo se alimenta da caça e da pesca, da criação de gado ou, no máximo, da agricultura. Neste último caso, a propriedade tribal pressupõe grande quantidade de terras incultas. Nesta fase, a divisão do trabalho está ainda pouco desenvolvida e se limita a uma maior extensão da divisão natural no seio da família: os chefes patriarcais da tribo, abaixo deles os membros da tribo e finalmente os escravos.

Das entranhas do comunismo privativo desenvolve-se o modo de produção antigo ou escravista, com os seguintes elementos:

2. Modo de produção escravista	
Ideologia	Religião do Estado
Estado	Impérios centralizados (Ex: Roma/Grécia)
Relações de Produção	Senhores x Escravos
Forças Produtivas	Cultivo da terra com base na escravidão

Marx (1996, p. 30-31) descreve esta forma de produção social da seguinte maneira:

> A segunda forma de propriedade é a **propriedade comunal e estatal** que se encontra na Antiguidade, que provém, sobretudo, da reunião de muitas tribos para uma formar uma cidade, por contrato ou por conquista, e na qual subsiste a escravidão. Ao lado da propriedade comunal, desenvolve-se já a propriedade móvel, mas como uma forma anormal subordinada à propriedade comunal. Os cidadãos possuem o poder sobre seus escravos trabalhadores apenas em sua coletividade, e já estão por isso ligados à forma de propriedade comunal [...]. As rela-

> ções de classe entre cidadãos e escravos estão agora completamente desenvolvidas.

O *modo de produção asiático* é a forma de organização social predominante no mundo oriental. Ele pode ser apresentado desta forma:

3. Modo de produção asiático (Oriente)	
Ideologia	Religião de Estado
Estado	Impérios centralizados (Ex: China)
Relações de Produção	Estado x Escravos
Forças Produtivas	Propriedade estatal e escravidão

Marx não se refere a esta forma de produção social em A **ideologia alemã** e as referências que ele faz a respeito são bastante esparsas. De forma geral, ele afirma que, nestas sociedades, a propriedade da terra pertence ao Estado, pois ele precisa regular a apropriação das terras irrigadas por grandes rios. Neste sistema, a sociedade está dividida em duas classes fundamentais: os governantes (senhores) e os escravos. No modo de produção asiático existe um Estado fortemente centralizado que controla os recursos materiais e sociais. É o que podemos perceber analisando os grandes impérios do mundo oriental, como o Egito, a Babilônia, a China ou mesmo as civilizações ameríndias dos Astecas, Incas e Maias. Nestas civilizações, a presença da religião é muito forte e os governantes são considerados seres divinos.

A partir do modo de produção antigo ou escravista desenvolve-se o feudalismo:

4. Modo de produção feudal	
Ideologia	Catolicismo
Estado	Poder descentralizado (Feudos)
Relações de Produção	Senhores x Servos
Forças Produtivas	Cultivo da terra/arrendamento

Marx (1996, p. 33-34) descreve este modo de produção da seguinte maneira:

> A terceira forma é a **propriedade feudal ou estamental**. Enquanto a Antiguidade partia da cidade e de seu pequeno território, a idade média partia do campo [...]. Como a propriedade tribal e a comunal, esta também repousa numa comunidade em face da qual não são mais os escravos – como no sistema antigo – mas os pequenos camponeses servos da gleba, que constituem a classe diretamente produtora. Tão

> logo o feudalismo se desenvolve completamente, aparece a oposição entre as cidades. A estrutura hierárquica da posse da terra e a vassalagem armada a ela conectada davam à nobreza o poder sobre os servos.

Com a Revolução Industrial, as forças produtivas provocam uma gigantesca transformação nas relações de produção. Surgem novas classes sociais: a burguesia e o proletariado. No *modo de produção capitalista*, a burguesia exerce diretamente o poder através do Estado Parlamentar e impõe sua visão individualista do mundo através das artes, da ciência, da filosofia e até da religião. De forma esquemática, temos que:

5. Modo de produção capitalista	
Ideologia	Cultura burguesa (individualismo)
Estado	Estado Parlamentar
Relações de Produção	Burguesia x Proletariado
Forças Produtivas	Indústria

A análise das formas de produção burguesas será objeto da maior parte das obras de Marx e será tratada no tópico seguinte. Não obstante, é interessante lembrar que no Prefácio de **Contribuição à Crítica da economia política**, Marx afirmou que "as relações de produção burguesas são a última forma antagônica do processo de produção social [...]. Com esta formação social termina, pois, a pré-história da humanidade" (MARX, 1992, p. 83).

3. Teoria da modernidade

Marx é um dos grandes analistas da formação, desenvolvimento e supressão do modo de produção capitalista que se constitui, para ele, no eixo de compreensão da modernidade. O capitalismo é o tema daquela que é considerada a principal obra de Marx – **O capital** – cujo primeiro livro foi publicado pelo próprio autor, enquanto os outros foram editados por Engels, a partir dos manuscritos de Marx. A obra está dividida da seguinte forma:

Livro I – O processo de *produção* de O capital (1867)

Livro II – O processo de *circulação* de O capital (1885)

Livro III – O processo *global* de produção capitalista (1894)

Livro IV – Teorias da Mais-Valia (1905-1910), editada por Karl Kautsky

O capital tem como objetivo fundamental realizar uma crítica da economia política tradicional, considerada burguesa e ideológica, por expressar não a essência (e as contradições), mas apenas a aparência do modo de produção capitalista. A partir desta ótica, Marx busca reformular a economia política, dotando-a de uma nova visão sobre o sistema econômico que define a era moderna. Nesta empreitada, três grandes temas se destacam: 1) a origem do modo de produção capitalista, 2) suas características essenciais e, 3) a crise e a possibilidade de superação das formas capitalistas de produção.

Porém, mais do que descrever, é preciso lembrar que a preocupação de Marx é fazer uma análise crítico-política do capitalismo, pois, em sua visão, o modo de produção capitalista engendra formas de exploração e alienação. Podemos sintetizar a crítica de Marx ao capitalismo em duas teses principais:

- **Tese da exploração**: o capitalismo é um sistema econômico no qual a riqueza é produzida pela exploração de uma classe social sobre outra. O conceito central que enuncia a tese da exploração é a categoria "Mais-Valia".
- **Tese da alienação**: o capitalismo é um sistema econômico na qual o conjunto dos indivíduos e da sociedade passa a ser determinado pelo poder impessoal do dinheiro (capital) e da própria esfera econômica que foge do controle social. O conceito central que enuncia a tese da alienação é a categoria "Fetichismo da Mercadoria".

3.1. Formação

Foi o próprio Marx, em carta dirigida a seus leitores, que recomendava que se começasse a ler **O capital** a partir de seus capítulos históricos, que contam o processo de formação do capitalismo. A descrição mais detalhada que ele faz deste processo está no capítulo XXIV do Livro I (parte sétima) em que Marx descreve a "*acumulação primitiva*". Tomando como exemplo o caso da Inglaterra, ele tem a preocupação de mostrar que o capitalismo não surge de forma natural, mas é fruto de um processo histórico marcado pela violência e pela coerção. Segundo ele, o fundamento para se entender como se dá o processo de gênese do capitalismo está no surgimento das classes sociais que são a base deste sistema: a burguesia e o proletariado. Ou seja, é preciso explicar dois processos: 1) o surgimento de uma massa de trabalhadores livres no mercado, forçados a vender a única coisa que possuem, sua força de trabalho e; 2) uma massa de capital-dinheiro relativamente grande na mão dos capitalistas para que estes pudessem investir. Vejamos o modo como Marx explica estes dois processos.

O *proletariado*, no entendimento de Marx, é a classe que, embora legalmente livre, sobrevive da venda de sua força de trabalho. Mas, em que condições históricas formou-se esta classe social? Segundo a explicação do autor (1994, p. 831):

> A expropriação do produtor rural, do camponês, que fica assim privado de suas terras, constitui a base de todo o processo. A história dessa expropriação assume coloridos diversos nos diferentes países, percor-

> re várias fases em sequência e em épocas históricas diferentes. Encontramos sua **forma clássica na Inglaterra**, que, por isso, nos servirá de exemplo [grifo meu].

O fator que motivou a expropriação dos camponeses das propriedades comunais foi o chamado "*cercamento*". Através do uso da força, determinados proprietários cercavam as terras que antigamente eram consideradas "comuns". Desta forma, os pequenos camponeses eram expulsos para propriedades cada vez menores até ficarem sem nada. Este processo ocorreu em diferentes fases, seja com a ocupação das terras da Igreja e do Estado, seja com a ampliação da extensão das propriedades mediante o uso da força. A legislação da época punia as pessoas que ficaram sem trabalho e sem ter aonde ir porque eram considerados "vagabundos, mendigos e ladrões". Foi desta forma que se formou um imenso "exército industrial de reserva", apto e disposto a trabalhar nas indústrias que passaram a se expandir nos séculos XVIII e XIX.

De um lado a formação do proletariado e, de outro, a concentração de capitais. Este é o segundo fator que ajuda a explicar a gênese histórica do capitalismo. Com a concentração da propriedade fundiária surgem os "arrendatários capitalistas", o embrião da futura *classe capitalista* ou burguesa. Eles eram chamados arrendatários porque contratavam mão de obra para trabalhar nas suas terras em troca de salários. Fatores como o aumento do preço da lã, do trigo e da carne, aliados às inovações tecnológicas (que aumentavam a produtividade) e o aumento do mercado consumidor (afinal, agora os camponeses tinham que comprar o que antes produziam) provocaram o seu forte enriquecimento. De outro lado, existia ainda o dinheiro que vinha dos empréstimos a juros e os lucros obtidos com a exploração das colônias. Todo esse montante de dinheiro gerou as condições para a acumulação dos recursos que tinham que ser investidos para gerar mais dinheiro, ou seja, o capital. São estes os fatores que geram o surgimento de uma classe social que vai empregar seu dinheiro na geração de mais riqueza: os capitalistas.

Em várias de suas páginas, principalmente no Livro I de **O capital**, Marx se dedica a analisar as condições históricas da formação do capitalismo, como nos capítulos em que ele analisa a luta entre capitalistas e trabalhadores em torno da extensão da jornada de trabalho (capítulo VIII), o desenvolvimento da manufatura (capítulo XII), da maquinaria nas fábricas (capítulo XIII) e até a evolução das formas de salário (capítulos XVII a XX).

3.2. Estrutura

Apesar da importância dos processos históricos, **O capital** não pode ser reduzido a um livro de histórica econômica. A maior parte da obra está dedicada a discutir os fundamentos e as características estruturais do modo capitalista de produção. Ao longo deste texto, Marx elabora uma série de conceitos sustentando que a acumulação é o mecanismo central desta forma produtiva. Ao mesmo tempo, Marx explicita as contradições do mundo capitalista afirmando que se trata de um sistema econômico cujas características são a exploração e a alienação. Vejamos como ele constrói esta reflexão logo nas primeiras páginas de **O capital**.

3.2.1. Tese da exploração: a mais-valia

O elemento básico da economia capitalista, segundo Marx, é a ***mercadoria***. Como o capitalismo é um sistema produtor de mercadorias é preciso começar a análise deste modo de produção pela explicação de suas características. Para Marx, a mercadoria tem um duplo caráter:

MERCADORIA		
Tese	**Antítese**	**Síntese**
Valor de uso	Valor de troca	Valor de uso e Valor de troca

O ***valor de uso*** de uma mercadoria é o seu aspecto material, ou seja, sua capacidade para satisfazer uma necessidade humana. O valor de uso, portanto, tem a ver com o "conteúdo" da mercadoria.

Além disso, cada mercadoria tem também o seu ***valor de troca***. O valor de troca é a capacidade que cada mercadoria possui para ser trocada por outra mercadoria. Com a troca começa a surgir um problema: Como vou saber quanto de trigo (mercadoria A) posso trocar por açúcar (mercadoria B), por exemplo? Como medir a "grandeza" do seu valor?

Adotando a teoria de David Ricardo (teoria do valor-trabalho), Marx vai afirmar que o que determina a grandeza do valor é a quantidade de trabalho socialmente necessário ou o **tempo de trabalho** socialmente necessário para a produção de um valor de uso. Logo, o valor de uma mercadoria vem do trabalho. Ele explica ainda que "tempo de trabalho socialmente necessário é o tempo de trabalho requerido para produzir-se um valor de uso qualquer, nas condições de produção socialmente normais, existentes, e com o grau social médio de destreza e intensidade do trabalho" (MARX, 1994, p. 56).

Para serem trocadas entre si, as mercadorias precisam da intermediação de outra mercadoria: o **dinheiro**. Em vista disso, continua Marx, "importa realizar o que jamais tentou fazer a economia burguesa, isto é, elucidar a gênese da forma dinheiro". Para entender a origem do valor, diz Marx, podemos apresentá-lo de três formas:

a) *Forma simples*: uma mercadoria (x) pode ser trocada por outra mercadoria (y).

b) *Forma total*: uma mercadoria (x) pode ser trocada por várias outras mercadorias (a, b, c, d, e, f, etc.).

c) *Forma dinheiro*: todas as mercadorias (a, b, c, d, e, f, etc.) podem ser trocadas por uma única mercadoria que serve de "equivalente geral" para todas as mercadorias. É neste momento que surge o dinheiro. A ação social de todas as outras mercadorias elege, portanto, uma mercadoria determinada para nela representarem seus valores. O dinheiro, assim, serve a dois propósitos: servir de meio de troca e de forma de valor (ou equivalente geral das mercadorias).

Estabelecidos os elementos fundamentais da economia, que são a mercadoria (M) e o dinheiro (D), Marx passa a analisar o processo de troca, ou processo de *circulação simples*, que ele explica de acordo com esta fórmula:

M .... D .... M

O que determina o significado desta fórmula é o seu objetivo. A troca tem em vista a satisfação de uma *necessidade*. Ela começa com um valor de uso, que é vendido. Com o dinheiro adquire-se outro valor de uso. Neste processo, o dinheiro é um meio de troca que serve para a aquisição de uma mercadoria que vai para a esfera do consumo.

Já a *circulação capitalista* tem outra fórmula:

D .... M .... + D

Ao contrário da anterior, a circulação capitalista tem outro objetivo: o lucro. A troca começa com dinheiro (capital) que termina tornando-se mais dinheiro. Este é o segredo do capitalismo. Seu objetivo não é a satisfação das necessidades, mas a própria acumulação. A *acumulação*, diz Marx, é a lei absoluta do modo de produção capitalista. Neste processo, a mercadoria (valor de uso) é apenas um meio da valorização do capital. O dinheiro entra na circulação e depois volta a ele para tornar-se mais dinheiro.

Porém, se no processo de circulação, o capitalista empregou dinheiro e obteve lucro, resta explicar o seguinte: **qual a origem do lucro**? À primeira vista, o lucro parece vir do aumento arbitrário do preço. Todavia, o que se ganha em uma troca, logo se perde na outra. Não há aumento na magnitude do valor. Portanto, não é do aumento do preço que vem o lucro. Para Marx, o segredo acerca da origem do lucro está no fato de que ela ocorre no processo de produção, e não na troca (circulação). Vejamos como:

No primeiro ato da circulação, que é a compra de uma mercadoria (D ---- M), o capitalista interrompe a troca para transformar a mercadoria pelo trabalho. Como o trabalho cria valor, no segundo ato da troca (M ---- D), a mercadoria pode ser vendida por um valor maior. Pelo processo de transformação da mercadoria, o capitalista contrata um operário e lhe oferece um salário por uma determinada jornada de trabalho. De onde vem o lucro? Segundo Marx, vem do tempo de trabalho não pago ao trabalhador que é chamado por ele de **Mais-Valia**. Vejamos este processo mais de perto, através de um exemplo dado pelo próprio autor:

1º) **Estádio** (compra): [D .... M .... Força de trabalho]
.... Matéria-prima]

O capitalista compra 20kg de algodão (matéria-prima) a 20 xelins e, além de dois fusos no valor de 4 xelins, paga a seu operário (força de trabalho) 3 xelins. O total de capital investido é de 27 xelins.

2º) **Estádio** (produção): [..... (P) .....]

Transformação do algodão em fio, através do trabalho produtivo. Em 6 horas, a jornada do trabalhador se divide em duas partes. Em 3 horas ele fabrica o equivalente a seu salário (3 xelins) e nas três horas restantes ele produz a mais-valia (3 xelins).

Trabalho necessário Trabalho excedente
.... { } ....

3º) **Estádio** (venda): [M .... + D]

A nova mercadoria é vendida a um preço de 30 xelins, sendo que foram necessários apenas 27 xelins de "capital". A mais-valia, portanto, é de 3 xelins, obtidas do tempo de trabalho não pago ao trabalhador.

A fórmula geral da acumulação capitalista é a seguinte:

Circulação	Produção	Circulação
D – M_1 (compra)	... (P) ...	M_2 – + D (venda)

Através de sua teoria, Marx quer fundamentar a tese de que o lucro tem sua origem na *exploração* do trabalhador pelo capitalista. Nesta visão, é o operário que gera a riqueza, mas a relação de classes da sociedade faz com que o capitalista se aproprie da mais-valia produzida pelo trabalhador. Este seria o segredo do sistema capitalista (MARX, 1994, p. 22):

> Comparando o processo de produzir valor com o de produzir mais-valia, veremos que o segundo só difere do primeiro por se prolongar além de um certo ponto. O processo de produzir valor simplesmente dura até o ponto em que o valor da força de trabalho pago pelo capital é substituído por um equivalente. Ultrapassado este ponto, o processo de produzir valor torna-se processo de produzir mais-valia (valor excedente).

A categoria básica da teoria econômica de Marx é o conceito de Mais-Valia. Ao longo de **O capital**, ele procura mostrar que existem duas formas principais pelas quais é possível extrair lucro:

- **Mais-valia Absoluta**: o lucro é obtido pelo aumento da jornada de trabalho, em outros termos, aumenta-se a quantidade de trabalho excedente em relação ao tempo de trabalho necessário (que serve para pagar os salários). Para Marx, os capitalistas sempre lutaram ao longo da história para estender o dia de trabalho a 10, 12, 16 ou até 20 horas, ou seja, até os limites da capacidade do operário.
- **Mais-valia Relativa**: o lucro é obtido pelo aumento da produtividade. Neste processo, o capitalista não precisa aumentar o tempo de trabalho. Basta fazer o trabalho do operário render mais. Isto se consegue especialmente através do aperfeiçoamento tecnológico, pelo qual o operário produz sempre mais, apesar de não variar o tempo de trabalho. É por esta razão que o capitalismo é tão dinâmico. Ele está sempre inovando e aperfeiçoando o processo de produção para aumentar a produtividade e os lucros.

3.2.2. Tese da alienação: o fetichismo da mercadoria

Além de criticar o modo capitalista de produção por estar fundado na apropriação do valor excedente por uma determinada classe, Marx dirige também uma segunda crítica ao capitalismo: neste sistema o homem encontra-se alienado. O conceito de alienação foi bastante importante na obra do "jovem Marx" e não é mais localizado nos textos do chamado "Marx maduro". Mas, embora não volte a utilizar-se do termo, afirma-se que Marx desenvolve a ideia da alienação sob um novo ponto de vista, fundado no conceito de fetichismo da mercadoria.

O ponto de partida da argumentação de Marx para apresentar sua tese da alienação também parte de uma análise da mercadoria. Segundo o autor, "à primeira vista, a mercadoria parece ser coisa trivial, imediatamente compreensível. Analisando-a, vê-se que ela é algo muito estranho, cheia de sutilezas metafísicas e argúcias teológicas" (MARX, 1994, p. 79). Em que consiste o caráter misterioso da mercadoria ao qual Marx se refere? Vejamos sua explicação:

> A mercadoria é misteriosa simplesmente por encobrir as características sociais do próprio trabalho dos homens, apresentando-as como características materiais e propriedades sociais inerentes aos produtos

> do trabalho; por ocultar, portanto, a relação social entre os trabalhos individuais dos produtores e o trabalho total, ao refleti-la como relação social existente, à margem deles, entre os produtos do seu próprio trabalho (MARX, 1994, p. 81).

Nesta passagem, Marx sustenta que a mercadoria perde sua relação com o trabalho e parece ganhar vida própria. Embora o valor contido nela seja apenas fruto do trabalho investido pelo homem em sua produção, tudo se apresenta como se o valor da mercadoria já estivesse contido naturalmente nela. As mercadorias relacionam-se entre si, a partir de seus valores, como se tivessem vida. É o próprio Marx (1994, p. 81) que esclarece:

> Uma relação social definida, estabelecida entre os homens, assume a forma fantasmagórica de uma relação entre coisas. Para encontrar um símile, temos que recorrer à região nebulosa da crença. Aí, os produtos do cérebro humano parecem dotados de vida própria, figuras autônomas que mantém relações entre si e com os seres humanos. É o que ocorre com os produtos da mão humana, no mundo das mercadorias. Chamo a isto de **fetichismo**, que está sempre grudado aos produtos do trabalho, quando são gerados como mercadorias. É inseparável da produção de mercadorias.

O capital, desvinculado do trabalho, aliena o ser humano da produção de sua existência social. A alienação inverte o sentido das relações sociais: o homem (sujeito) se torna objeto, enquanto o objeto (mercadoria) se torna sujeito. O processo de produção do capital se desprende do controle social dos indivíduos e passa a funcionar segundo sua própria lógica interna: a busca da acumulação. Por outro lado, o caráter impessoal, material, formal e racional da mercadoria passa a reger a vida dos homens e suas formas de organização social. Através do conceito de fetichismo da mercadoria, Marx chama a atenção para o processo de mercantilização da vida e das relações sociais: "para estes [os homens], a própria atividade social possui a forma de uma atividade das coisas sob cujo controle se encontram, ao invés de as controlarem" (MARX, 1994, p. 83). Em outros termos, no capitalismo, em vez da produção estar a serviço do homem, é o homem que se encontra dominado pela produção.

A tese do fetichismo da mercadoria exerceu substancial influência na história do pensamento marxista. Ela foi retomada por autores como Georg Lukács e pela Escola de Frankfurt que, através da sua teoria da reificação ou da coisificação, procuraram desenvolver a tese de Marx sobre o caráter de dominação da forma mercadoria sobre o conjunto da vida social.

3.3. *Crise*

Além de apontar os mecanismos ou leis de funcionamento do modo capitalista de produção, Marx também estava preocupado com as possibilidades de superação desta forma socioeconômica. Por isso, na parte terceira (capítulo XIII) do Livro III de **O capital**, ele apresenta uma teoria sobre a crise da sociedade capitalista no qual ele expõe a tese da "**tendência decrescente da taxa de lucro**". Segundo as palavras de Marx (1994, p. 247), este fenômeno pode ser assim compreendido:

> A lei da taxa decrescente de lucro em que se exprime a mesma taxa de mais-valia ou até uma taxa ascendente significa em outras palavras: dada uma quantidade determinada de capital social médio, digamos, um capital de 100, a porção que se configura em meios de trabalho é cada vez maior, e a que se configura em trabalho vivo é cada vez menor. Uma vez que a massa global de trabalho vivo adicionada aos meios de produção decresce em relação ao valor desses meios de produção, o trabalho não pago e a parte que o representa, do valor, também diminuem em relação ao valor de todo o capital adiantado.

O que Marx está querendo dizer é que a busca da acumulação, que é a mola propulsora do capitalismo, produz como resultado a própria diminuição da acumulação, ou seja, a queda da taxa de lucro. Esta é a grande contradição interna do capitalismo. Mas por que isto acontece? Segundo a explicação acima, a busca de lucro faz com que o capitalista invista sempre mais em produtividade (tecnologia) e gaste cada vez menos com o salário dos trabalhadores. Na linguagem de Marx, o capital constante (meios de trabalho) passa a superar cada vez mais o capital variável (salários ou trabalho vivo). O problema é que a fonte de lucro é a exploração do tempo não pago aos trabalhadores, afinal, o trabalho é a fonte de valor. Conclusão óbvia: quanto menor o trabalho produtivo extorquido, menor o lucro. Vejamos um exemplo que o próprio Marx nos fornece. Observe-se que, neste exemplo, quanto mais aumenta o capital constante, menor é a taxa de lucro que é medida pela fórmula m/v, onde "m" significa a taxa de mais valia e "v" o capital variável:

Lei da taxa decrescente de lucro		
Capital constante (c)	**Capital variável (v)**	**Taxa de lucro**
50	100	67%
100	100	50%
200	100	33%
300	100	25%
400	100	20%

Na tabela acima, o capital variável permanece no mesmo valor (100) enquanto o capital constante aumenta entre 50 e 400. Quanto mais o gasto com o capital constante se acentua, menor a taxa de lucro. Em outros termos, quanto mais os capitalistas buscam o lucro, mais eles desenvolvem a contradição que leva o modo de produção capitalista para sua própria superação dialética. Marx chegou a observar que existem uma série de mecanismos que podem funcionar como contratendências ou atenuantes desta lei. Entre estes atenuantes, ele aponta os seguintes fatores: 1) aumento do grau de exploração da força de trabalho, 2) redução do salário abaixo do seu valor, 3) barateamento do capital constante, 4) superpopulação relativa, e, 5) comércio exterior.

Apesar de funcionarem como elementos que ajudam a retardar a crise do capitalismo, Marx estava convencido de que a queda da taxa de lucro levaria o capitalismo ao seu próprio colapso. Tratar-se-ia de um processo inevitável, uma verdadeira lei que em sentido dialético levaria à necessidade de superação desta forma de produção.

Mas, na visão de Marx, a superação do capitalismo não é apenas um processo gerado automaticamente pela crise econômica do capitalismo. Ela depende também da consciência de classe, da organização política dos trabalhadores e de sua capacidade de realizar uma revolução que exproprie o poder político das classes burguesas. Estes são, contudo, os temas fundamentais de seu pensamento político.

4. Teoria política

Na 11ª tese sobre Feuerbach, Marx afirmou que "até hoje os filósofos se contentaram em contemplar a realidade, mas o que importa é transformá-la". Esta frase revela que o pensamento marxista tem uma vocação essencialmente política, cujo objetivo básico é a transição de um modelo econômico capitalista para uma sociedade comunista.

Os trabalhos de Marx sobre a política podem ser divididos em duas fases. Na primeira, ele realiza uma crítica das ideias contidas na obra de Hegel, especialmente em seus **Princípios de filosofia do direito.** Nesta obra, Hegel afirmava que o Estado era a síntese das contradições entre a esfera da família e da sociedade civil, ou seja, o Estado era a síntese dialética da sociedade. Marx vai inverter esta perspectiva, argumentando que o fundamento do Estado estava na sociedade civil (ou seja, nas contradições de classe) e que era preciso superar a contradição entre sociedade civil e Estado. São estes, justamente, os primeiros trabalhos do ainda "jovem Marx", como podemos ver abaixo:

- 1843 – *Crítica da filosofia do direito de Hegel* (manuscritos)
- 1844 – *A questão judaica*
- 1844 – *Crítica da filosofia do direito de Hegel:* introdução (*Anais Franco-alemães*)

Nos seus escritos políticos juvenis, Marx vai desenvolver a ideia de que não basta apenas lutar pela *emancipação política*, tal como preconizavam os ideais da Revolução Francesa. Para ele, os ideais de liberdade, democracia e direitos humanos não tinham conteúdo universal e seriam apenas expressões do homem burguês. Eles seriam apenas letras mortas se a igualdade formal perante a lei não fosse realizada também no plano real, ou seja, material e econômico. Em sua perspectiva, era necessário passar da emancipação política para a *emancipação social*.

Depois de romper definitivamente com as ideias de Hegel em **A ideologia alemã** (1846), Marx parte para o estudo da economia política. Embora o estudo do Estado estivesse nos seus planos, ele jamais dedicou uma obra sistemática ao assunto. Os textos em que o autor se pronuncia sobre o Estado e a política foram escritos para analisar acontecimentos políticos de sua época e é a partir deles que se pode deduzir uma "teoria marxiana" da política. As principais obras deste segundo período da obra de Marx são:

- 1848 – *O manifesto do Partido Comunista*: trata especialmente sobre a luta de classes e as características do comunismo.
- 1850 – *A luta de classes na França*: analisa as insurreições de junho de 1848 e destaca o papel político do proletariado em ascensão.
- 1852 – *O 18 brumário de Luís Bonaparte*: neste texto Marx examina o golpe de Estado do sobrinho de Napoleão e a relação de cada uma das classes (burguesia, camponeses e trabalhadores) com os fatos políticos.
- 1871 – *A guerra civil na França*: análise dos erros e acertos da Comuna de Paris, primeira experiência de construção de uma sociedade socialista.
- 1875 – *Crítica do programa de Gotha*: comentários críticos sobre os estatutos do recém-fundado Partido Social Democrata da Alemanha.

É justamente analisando estas obras que os estudiosos marxistas apontam para os principais elementos de uma teoria marxiana da política que vamos analisar abaixo.

4.1. Luta de classes

A teoria das classes sociais, desenvolvida por Marx no último capítulo do Livro III de **O capital** ficou inacabada. Ali podemos ler que "Os proprietários de mera força de trabalho, os de capital e os de terra, os que têm por fonte de receita, respectivamente, salário, lucro e renda fundiária, em suma, os assalariados, os capitalistas e os proprietários de terra, constituem as três grandes classes da sociedade moderna baseada no modo capitalista de produção (MARX, 1991, p. 1012). Embora ele não tenha legado uma explicação socioeconômica completa das classes sociais, as obras políticas deste autor constituem um retrato profundo e dinâmico das lutas sociais de seu tempo. Para Marx, os conflitos sociais são expressões das contradições econômicas da sociedade, ou seja, da divisão da sociedade em proprietários e não proprietários dos meios de produção. Esta divisão econômica constitui o fundamento de toda divisão e luta política entre os grupos sociais.

Em **O manifesto do Partido Comunista** (1848) é que podemos encontrar, de forma sintética, algumas das principais considerações teóricas de Marx sobre a luta de classes. Nesta obra, ele afirma que "a história de toda a sociedade até hoje é a história de lutas de classes" (1996, p. 66). Na medida em que transitamos de um modo de produção para outro, as forças produtivas são apropriadas por novas classes sociais, enquanto outras ficam excluídas dos meios de produção. É por este motivo que a luta de classes atravessa toda a história:

> Nas épocas anteriores da história, encontramos quase por toda parte uma completa estruturação da sociedade em diversas ordens, uma múltipla estruturação das posições sociais. Na Roma antiga temos patrícios, guerreiros, plebeus, escravos; na idade média, senhores feudais, vassalos, mestres, companheiros, aprendizes, servos; e em quase todas essas classes outras gradações particulares (MARX, 1996, p. 66).

Embora aponte para o fato de que as lutas entre as classes sociais sempre foram um dado constante da história, Marx concentra sua atenção na sociedade moderna e no conflito entre as classes sociais geradas a partir da Revolução Industrial. Neste sentido, ele afirma que "a nossa época, a época da burguesia, caracteriza-se, entretanto, por ter simplificado os antagonismos de classe. A sociedade vai se dividindo cada vez mais em dois grandes campos inimigos [...]: burguesia e proletariado" (MARX, 1996, p. 67).

Primeiramente ele analisa o papel da **burguesia** na sua luta contra a aristocracia feudal. Mostra ainda que "a burguesia desempenhou na história um papel extremamente revolucionário". Ela foi a grande responsável pela dissolução do feudalismo e pela construção da ordem capitalista. No entanto, continua, "as armas de que se serviu a burguesia para abater o feudalismo voltam-se agora contra a própria burguesia". Mas a burguesia não forjou apenas as armas que lhe trarão a morte; produziu os homens que empunharão estas armas: os operários modernos, os proletários (MARX, 1996, p. 72).

Depois, ele volta sua atenção para o **proletariado**. Tal como a burguesia, esta classe social também possui um papel revolucionário, pois cabe aos operários realizar a transição do capitalismo em direção ao comunismo: "De todas as classes que hoje se opõem à burguesia, apenas o proletariado é uma classe verdadeiramente revolucionária" (MARX, 1996, p. 75). Para realizar esta tarefa, o proletariado passa por diferentes fases de desenvolvimento:

- No início combate às próprias máquinas;
- Depois passa a defender seus direitos (sindicalismo);
- Após, se organiza enquanto classe social (partido político);
- Finalmente, desencadeia uma luta que termina com a revolução contra a burguesia (revolução).

No final de todo este processo, completa Marx, a vitória do proletariado sobre a burguesia será inevitável. Acerca disto, Marx (1996, p. 78) afirma categoricamente:

> O progresso da indústria, cujo agente involuntário e passivo é a própria burguesia, substitui o isolamento dos operários, resultante da concorrência, por sua união revolucionária resultante da associação. [...]. A burguesia produz, acima de tudo, seus próprios coveiros. Seu declínio e a vitória do proletariado são igualmente inevitáveis.

Para realizar a revolução socialista que vai derrubar o capitalismo e instaurar a futura sociedade sem classes, os operários precisam desenvolver uma **consciência de classe**. Este conceito destaca a diferença entre a condição objetiva de ser um proletário (ou seja, indivíduo que vive da venda de sua força de trabalho) e a apreensão subjetiva deste fato. Neste segundo caso, o indivíduo toma conhecimento desta situação, percebe-se explorado e sente a necessidade de organizar-se para mudar a situação. Para Marx, através do processo de organização política e das lutas coletivas, os operários vão formando a consciência que os faz passar da condição de "classe em si" (condição objetiva) à "classe para si" (condição subjetiva), como ele mesmo explica neste trecho tirado de **A miséria da filosofia** (1989, p. 218):

> Primeiro as relações econômicas transformam a massa do país em trabalhadores. A dominação do capital criou para esta massa uma situação comum, interesses comuns. Assim esta massa já é uma classe frente ao capital, mas não ainda para si mesma. Na luta, da qual não assinalamos algumas fases, esta massa se reúne, se constitui como **classe para si mesma**. Os interesses que ela defende se tornam interesses de classe. Mas a luta de classe contra classes é uma luta política [grifos nossos].

4.2. Estado

Em **O manifesto do Partido Comunista**, Marx (1996, p. 68) enunciou uma frase famosa que resume a essência da compreensão marxista do Estado: "o poder político do Estado representativo moderno nada mais é do que um **comitê** para administrar os negócios comuns de toda a classe burguesa". Embora possa parecer simplista, a fórmula de que o "Estado é o comitê executivo da burguesia" aponta para a ideia-base desta teoria: o caráter classista do Estado. Na visão marxista, em todas as formas históricas, o **Estado é um instrumento de domínio de uma classe social sobre a outra**. Na medida em que uma classe social apropria-se dos meios de produção na esfera econômica, ela precisa garantir este domínio através da esfera política. É desta necessidade que nasce o Estado, conforme ele explica em **A ideologia alemã**: "Toda classe que aspira à dominação [...], deve conquistar primeiro o poder político, para apresentar seu interesse como interesse geral, ao que está obrigada no primeiro momento" (MARX, 1993, p. 96).

A ideia de que o Estado representa o bem comum e os interesses gerais da sociedade é rejeitada por Marx desde o início de sua carreira, quando ele faz a análise crítica das obras políticas de Hegel. Foi a partir desta crítica que Marx concluiu que "as relações jurídicas, bem como as formas de Estado, não podem ser explicadas por si mesmas, nem pela chamada evolução geral do espírito humano; estas relações têm, ao contrário, suas raízes nas condições materiais de existência" (Prefácio da **Contribuição à crítica da economia política**, 1992, p. 83). Aqui, como já havia feito com a dialética hegeliana, Marx inverte Hegel. Para ele, não é o Estado que explica a sociedade civil, como queria aquele filósofo, pois o fundamento da existência do Estado só pode ser explicado pela sociedade civil, ou seja, pela divisão da sociedade em classes sociais.

É a partir desta "teoria classista do Estado" que podemos compreender as explicações de Marx sobre o chamado "Estado burguês", quer dizer, a forma de Estado que corresponde ao modo capitalista de produção e ao domínio da burguesia como classe social, conforme ele explica neste trecho de **A ideologia alemã**: "Através da emancipação da propriedade privada em relação à comunidade, o Estado adquiriu uma existência particular, ao lado e fora da sociedade civil; mas este Estado não é mais do que a forma de organização que os burgueses necessariamente adotam, tanto no interior como no exterior, para a garantia recíproca de sua propriedade e de seus interesses" (MARX, 1993, p. 98).

Em sua análise do caráter classista do Estado e, em particular, do Estado burguês, Marx argumenta que os instrumentos de regulação do Estado – as normas jurídicas e as forças encarregadas da aplicação da lei: o sistema jurídico e o aparato policial e militar – são mobilizados pelas classes dominantes sempre que a ordem social estiver ameaçada pela contestação das classes dominadas. De acordo com esta visão, o Estado possui também um **caráter repressivo**:

> À medida que o progresso da indústria moderna desenvolvia, ampliava, aprofundava a antítese entre capital e trabalho, na mesma medida o poder do Estado adquiria mais e mais o caráter de um poder público para a repressão da classe trabalhadora, de uma máquina para a dominação de classe. Depois de cada revolução que assinala um avanço na luta de classes, o caráter puramente repressivo do Estado aparece mais e mais abertamente (**A guerra civil na França**, 1989, p. 294).

Em sua análise do golpe de Estado desfechado por Luís Napoleão na obra **O 18 brumário**, Marx argumentava que nem sempre as classes dominantes exercem diretamente o controle do Estado. Naquele momento, como não havia acordo entre as diferentes frações de classe da burguesia, o poder político foi apropriado pelo sobrinho de Napoleão, cuja base social era formada por camponeses. No entanto, este dado apenas reforça o fato de que no modo de produção capitalista o caráter burguês do Estado não se explica somente porque ele é administrado diretamente pelas classes dominantes. É o próprio Estado, nas suas estruturas e nas suas formas de organização, que representa os interesses do capital.

Embora Marx não tenha escrito um tratado sistemático sobre o Estado, ele forneceu a principal premissa que sustenta a teoria marxista do Estado: seu caráter de classe. É a partir desta base que Engels desenvolverá seus estudos sobre o poder estatal (**A origem da família, da propriedade privada e do Estado** e o **Anti-During**) e diversos outros autores desenvolverão suas reflexões a este respeito, seja destacando o controle que as classes burguesas exercem sobre o Estado (teoria instrumentalista), seja destacando o caráter estrutural do Estado capitalista (teoria estruturalista).

4.3. Revolução e comunismo

O centro das preocupações políticas de Marx era a superação da ordem social capitalista. Ele afirmava que somente a classe operária, pelo seu papel-chave no capitalismo, tinha as forças e as condições para a **revolução** que derrubaria a burguesia e começaria uma nova etapa da humanidade: a sociedade comunista. Para que a classe operária se tornasse uma classe revolucionária (a classe que traz o futuro em suas mãos!), ela deveria tomar "consciência dos seus interesses de classe". Por esta razão, o papel da teoria era tão fundamental para Marx. Era necessário mostrar ao operariado as condições objetivas de construção do comunismo.

No entanto, as indicações que Marx nos dá sobre as características da futura sociedade comunista são amplas e vagas. No texto **A ideologia alemã** de 1846, por exemplo, ele afirma que no comunismo não haveria necessidade de uma divisão do trabalho em que cada um dispõe de uma atividade exclusiva e determinada: "a sociedade regula a produção geral, dando-me assim a possibilidade de hoje fazer tal coisa, amanhã outra, caçar pela manhã, pescar à tarde, criar animais ao anoitecer, criticar após o jantar, segundo meu desejo, sem jamais se tornar caçador, pescador, pastor ou crítico" (MARX, 1993, p. 47). Já nos **Manuscritos de Paris** a formulação dada ao comunismo é mais filosófica, pois Marx o define como "superação positiva da propriedade privada enquanto autoalienação humana e por isto como apropriação efetivamente real da essência humana pelo e para o homem" (MARX, 1989, p. 168). Mesmo em **O capital**, Marx dá muito mais atenção ao capitalismo do que ao comunismo que, em determinada passagem, ele define da seguinte forma:

> Suponhamos, finalmente, para variar, uma **sociedade de homens livres**, que trabalham com meios de produção comuns, e empregam suas múltiplas forças individuais de trabalho, conscientemente, como força de trabalho social. Em nossa associação, o produto total é um produto social. Uma parte desse produto é utilizado como novo meio de produção. Continua sendo social. A outra parte é consumida pelos

membros da comunidade. Tem, portanto, de ser distribuída entre eles (MARX, 1994, p. 88).

Dois fatores explicam o caráter vago e amplo com que Marx nos descreve a futura sociedade comunista. Por um lado, ele estava preocupado em distanciar-se dos socialistas utópicos que imaginavam modelos ideais de sociedade e, por outro, ele buscava ser fiel aos procedimentos científicos que limitam o conhecimento à compreensão da realidade empírica presente.

Apesar destas dificuldades, os estudiosos de Marx tendem a concordar que dois elementos são essenciais para entender o modo como ele imaginava a futura sociedade comunista: 1) a abolição das classes sociais e, 2) a abolição do Estado.

A **abolição das classes sociais** é colocada por Marx desde o início de suas obras, como podemos perceber relendo alguns trechos de **O manifesto do Partido Comunista**. Neste texto, ao refutar o que ele considerava serem preconceitos sobre o comunismo, Marx afirma que "o que caracteriza o comunismo não é a abolição da propriedade privada em geral, mas a abolição da propriedade burguesa" (MARX, 1996, p. 80). Ele afirma também que "em lugar da velha sociedade burguesa, com suas classes e seus antagonismos de classe, surge uma associação na qual o livre desenvolvimento de cada um é a condição para o livre desenvolvimento de todos" (MARX, p. 87). Na percepção do autor, com a supressão da propriedade privada, desaparecia também o fundamento da divisão da sociedade em classes sociais.

Com a supressão das classes sociais, Marx afirmava que o Estado também deveria ser superado. Afinal, se o Estado é um instrumento da luta de classes, sua existência não faria sentido em uma sociedade na qual não existem mais divisões sociais. Ao comentar sobre a Comuna de Paris, por exemplo, Marx fala da necessidade de "quebrar o Estado": "a classe trabalhadora não pode simplesmente tomar posse da máquina do Estado pronta e fazê-la rodar para os seus próprios propósitos" (MARX. **A guerra civil na França**, 1989, p. 293). A **abolição do Estado**, portanto, seria a segunda condição essencial do comunismo.

O estado inacabado com o qual Marx deixou a sua reflexão política provocou muitas divisões e debates entre os estudiosos do marxismo e, especialmente, entre os membros dos movimentos políticos socialistas. Enquanto alguns ressaltaram o que consideravam ser os elementos libertários de seu pensamento, outros destacaram e criticaram o seu lado autoritário.

Em uma perspectiva libertária destaca-se o texto no qual Marx analisa a Comuna de Paris, levante de operários que aconteceu, em 1871, naquela cidade. Neste experimento Marx enxergou uma possibilidade para refletir sobre as características futuras do comunismo: "o seu verdadeiro segredo era este: ela era essencialmente um governo da classe trabalhadora, o resultado da luta da classe produtora contra a apropriadora, a forma política, finalmente descoberta, na qual podia ser feita a libertação econômica do trabalho" (MARX, 1989, p. 299). Dentre suas contribuições originais, Marx acreditou que a Comuna apontava na direção da supressão da democracia representativa mediante práticas de democracia direta, cujo principal eixo seria a substituição do mandato representativo pelo mandato imperativo (onde os representantes apenas executam as ordens das bases):

> A comuna era constituída pelos conselheiros municipais eleitos através do sufrágio eleitoral nos diversos distritos de Paris. Eram responsabilizáveis e substituíveis a qualquer momento. A maioria deles era composta naturalmente por trabalhadores ou por reconhecidos representantes da classe operária. A comuna não era para ser uma corporação parlamentar, mas trabalhadora, executiva e legislativa ao mesmo tempo [...]. Não só a administração municipal, mas também toda a iniciativa até então exercida pelo Estado, foi colocada nas mãos da Comuna (MARX, 1989, p. 296).

No entanto, antes que esta suposta forma de "democracia proletária" pudesse instalar-se, Marx também advogou a necessidade de um período de transição do capitalismo ao comunismo – o socialismo – no qual deveria vigorar a ditadura do proletariado:

> Entre a sociedade capitalista e a sociedade comunista medeia o período de transformação revolucionária da primeira na segunda. A este período corresponde também um período político de transição, cujo Estado não pode ser outro senão **a ditadura revolucionária do proletariado** (MARX, s.d., p. 220).

As reticências de Marx em relação à democracia representativa e aos valores liberais e, principalmente, o problemático conceito de "ditadura do proletariado", estão diretamente relacionados com o caráter repressivo dos regimes totalitários comunistas do século XX que se apresentavam como a concretização das ideias marxistas e ceifaram a vida de milhões de seres humanos.

Embora Marx estivesse profundamente envolvido nas lutas de seu tempo, ele não pôde ver os resultados da revolução socialista pela qual tanto lutara. Aliás, depois da sua morte, o movimento socialista se dividiu em duas correntes diferentes. Cada uma deles apontava caminhos distintos para a construção do comunismo:

a) **socialistas revolucionários**: afirmavam que o caminho para o socialismo é a insurreição política (ou revolução);

b) **socialistas reformistas ou social-democratas**: afirmavam que o caminho para o socialismo é a democracia e um conjunto de reformas econômicas e sociais graduais.

Os *socialistas revolucionários* se organizaram em torno da III Internacional e foram os responsáveis pela primeira revolução socialista do mundo: a Revolução Russa de 1917. Liderada por Lenin (1870-1924) e Trotsky (1879-1940), a revolução bolchevique representou a principal tentativa de suprimir o capitalismo, substituindo-o por outro sistema econômico. Todavia, a primeira grande experiência de "socialismo real" mostrou-se apenas como uma ditadura totalitária com economia estatizada, cujos elementos autoritários foram exacerbados sob a liderança de

Josef Stalin (1879-1953), eliminando a vida de milhões de pessoas. As contradições existentes na URSS (União das Repúblicas Socialistas Soviéticas) acabaram levando ao fim do comunismo (a partir da queda do Muro de Berlim, em 1989) e provocaram um profundo questionamento sobre os limites teóricos e as consequências sociais e políticas trágicas que derivaram da tentativa de concretização dos ideais políticos de Marx.

Já os *socialistas social-democratas* optaram por participar das eleições. Com partidos operários fortes e com sólida vinculação com os sindicatos chegaram ao poder. Introduzindo reformas graduais, mas profundas, eles achavam que podiam alterar o capitalismo e construir o socialismo sem rupturas violentas. Ao longo do século XX, além de aceitarem a democracia representativa como único método legítimo de disputa do poder político, os partidos social-democratas abandonaram o socialismo como ideal e concentraram-se na melhoria da vida dos trabalhadores mediante a institucionalização dos direitos sociais e regulação dos mercados através do chamado Estado de Bem-Estar Social (Welfare State).

Bibliografia

a) Obras e textos de Karl Marx

FERNANDES, Florestan (org.). **Marx – Engels**: história. São Paulo: Ática, 1991 [Coleção Grandes Cientistas Sociais, n. 36].

HOBSBAWN, Eric. **Formações econômicas pré-capitalitas**. Rio de Janeiro: Paz e Terra, 1989.

IANNI, Octavio (org.). **Marx**: sociologia. 7. ed. São Paulo: Ática, 1992 [Coleção Grandes Cientistas Sociais, n. 10].

MARX, Karl. **Crítica da filosofia do direito de Hegel**. São Paulo: Boitempo, 2005.

______. **Manuscritos econômico-filosóficos.** São Paulo: Boitempo, 2004.

______. **A miséria da filosofia**. São Paulo: Ícone, 2004.

______. **Contribuição à crítica da economia política**. 2. ed. São Paulo: Martins Fontes, 2003.

______. **O 18 brumário e cartas a Kugelman.** 6. ed. Rio de Janeiro: Paz e Terra, 1997.

______. **O capital**: crítica da economia política. 6 vols. Rio de Janeiro: Bertrand Brasil, 1994, 6 vols.

______. **A questão judaica.** 2. ed. São Paulo: Moraes, 1991.

______. **Capítulo VI inédito de O capital.** São Paulo: Moraes, 1985.

______. **Os pensadores.** São Paulo: Abril, 1978.

______. **Diferença entre a filosofia da natureza de Demócrito e Epicuro.** São Paulo: Global, 1967.

MARX, Karl & ENGELS, Friedrich. **A Sagrada Família.** São Paulo: Boitempo, 2003.

______. **A ideologia alemã.** 3. ed. São Paulo: Martins Fontes, 2002.

______. **A ideologia alemã.** 9. ed. São Paulo: Hucitec, 1993.

______. **O manifesto do Partido Comunista**. 6. ed. Petrópolis: Vozes, 1996.

______. **Textos sobre educação e ensino**. 2. ed. Rio de Janeiro: Moraes, 1992.

SINGER, Paul (org.). **Marx**: economia. São Paulo: Ática, 1982 [Coleção Grandes Cientistas Sociais, n. 31].

b) Obras e textos sobre Karl Marx

ALTHUSSER, Louis. **A favor de Marx**. 2. ed. Rio de Janeiro: Zahar, 1979.

ARON, Raymond. **O marxismo de Marx**. São Paulo: Arx, 2005.

BALIBAR, Etienne. **A filosofia de Marx**. Rio de Janeiro: Zahar, 1995.

BERLIN, Isaiah. **Karl Marx**. São Paulo: Siciliano, 1991.

BIGO, Pierre. **Marxismo e humanismo** – Uma introdução à obra econômica de Karl Marx. São Paulo: Herder, 1966.

BOBBIO, Norberto. **Nem com Marx, nem contra Marx**. São Paulo: Unesp, 2007.

BOTTOMORE, Tom. **Sociologia e filosofia de Karl Marx**. Rio de Janeiro: Zahar, 1964.

BOTTOMORRE, Tom (org.). **Dicionário do Pensamento Marxista.** Rio de Janeiro: Zahar, 1983.

COLLINS, Denis. **Compreender Marx**. Petrópolis: Vozes, 2008.

EAGLETON, Terry. **Marx.** São Paulo: Unesp, 2000.

ELSTER, John. **Marx hoje**. Rio de Janeiro: Paz e Terra, 1989.

FAUSTO, Ruy. **Marx:** lógica e política. São Paulo: Ed. 34, 2002.

FOUGEYROLLAS, Pierre. **Marx.** São Paulo: Ática, 2000.

FREDERICO, Celso. **O jovem Marx** – As origens da ontologia do ser social. São Paulo: Cortez, 1995.

FREITAG, Bárbara (org.). **Marx morreu** – Viva Marx. Papirus: Campinas, 1993.

FRIDMAN, Luis Carlos. **O jardim de Marx**. Rio de Janeiro: Relumé-Dumará, 2003.

GARAUDY, Roger. **Karl Marx**. Rio de Janeiro: Zahar, 1967.

GIANOTTI José Arthur. **Marx**. São Paulo: L&PM, 2000.

______. **Origens da dialética do trabalho**. Porto Alegre: LP&M, 1985.

GREENSPAN, Jorge. **Folha explica Marx**. São Paulo: PubliFolha, 2008 [Coleção Folha Explica, vol. 78].

HEGEL, Georg W. **Enciclopédia das Ciências Filosóficas em Compêndio**. São Paulo: Loyola, 1995.

HOBSBAWN, Eric. **História do marxismo** – O marxismo no tempo de Marx. Vol. 1. 3. ed. Rio de Janeiro: Paz e Terra, 1983.

KONDER, Leandro. **Marx**: vida e obra. Rio de Janeiro: Paz e Terra, 1983.

______. **Por que Marx?** Rio de Janeiro: Paz e Terra, 1983.

LEFEBVRE, Henri. **Sociologia de Marx**. 2. ed. Rio de Janeiro: Forense Universitária, 1979.

LÖWY, Michael. **A teoria da revolução do jovem Marx**. Petrópolis: Vozes, 2002.

______. **As aventuras de Karl Marx contra o Barão de Münchausen** – Marxismo e positivismo na sociologia do conhecimento. 5. ed. São Paulo: Cortez, 1994.

LUKÁCS, Gyorgy. **O jovem Marx**. Rio de Janeiro: UFRJ, 2007.

MANDEL, Ernest. **A formação do pensamento econômico de Karl Marx**: de 1843 até a redação de **O capital**. Rio de Janeiro: Zahar, 1980.

McLELLAN, David. **Marx, um século de pensamento político**. Rio de Janeiro: Zahar, 1983.

______. **Karl Marx**: vida e pensamento. Petrópolis: Vozes, 1980.

MESZÁROS, Istvan. **Marx**: a teoria da alienação. Rio de Janeiro: Zahar, 1981.

NAVES, Maria Bilharino. **Marx**. Rio de Janeiro: Moderna, 2000.

RODOLSKY, Roman. **Gênese e estrutura de** O Capital **de Karl Marx**. São Paulo: Contraponto, 2001.

SINGER, Paul. **Marx**. São Paulo: Loyola, 2004.

TEXIER, Jacques. **Revolução e democracia em Marx e Engels**. Rio de Janeiro: UFRJ, 2005.

TOLEDO, Caio Navarro (org.). **A obra teórica de Marx**: atualidade, problemas e interpretações. São Paulo: Xamã, 2000.

VIANA, Nildo. **Escritos metodológicos de Marx**. São Paulo: Alternativa, 2007.

WHEEN, Francis. **O capital de Marx**: uma biografia. Rio de Janeiro: Zahar, 2007.

Capítulo III
Émile Durkheim

A pretensão de conferir à sociologia uma reputação científica será o principal objetivo da obra do pensador francês Émile Durkheim. Retomando as intenções de Augusto Comte, toda obra de Durkheim estava voltada para dotar a sociologia do que ele julgava ser seu maior limite até aquele momento: a falta de um método consistente e elaborado de análise sociológica. Daí a sua importância para a história do pensamento sociológico. Durkheim também forneceu para a sociologia estudos pioneiros na área da sociologia da religião e do conhecimento, bem como estudos empíricos sobre o fenômeno do suicídio. Este pensador é um dos grandes analistas do mundo moderno com sua tese da divisão do trabalho social, conceito que aponta para a complexidade da sociedade contemporânea, marcada pela diferenciação social e a especialização das funções. Durkheim também foi pioneiro nas discussões sobre o individualismo da vida contemporânea e suas repercussões no campo da integração e da coesão social.

1. Vida e obras

David Émile Durkheim, quarto filho de um rabino, nasceu em 15 de abril de 1858, na cidade de Épinal, região da Alsácia, na França. Iniciou seus **estudos** primários no colégio daquela cidade e lhes deu continuidade em Paris, no Liceu Louis Le Grand e na École Normale Superiéure (1879). Entre os professores que contribuíram com sua formação, pode-se destacar Foustel de Coulanges (1830-1889), Charles Renouvier (1815-1903) e Émile Boutrox (1854-1921). Em 1882, forma-se em filosofia, sendo nomeado professor em Sens, Saint Quentin e Troyes, iniciando neste período seu interesse pelas questões sociais.

Entre 1885 e 1886, o autor faz uma importante **viagem de estudos** para a Alemanha, a fim de estudar ciências sociais. Na Alemanha (Leipzig e Berlim) entra em contato com Wilhelm Wundt (1832-1920), fundador da psicologia. Desta viagem retorna com a intenção de desenvolver a sociologia na França, visando torná-la uma ciência autônoma. A discussão existente neste país sobre a necessidade e as características de uma ciência do social encontrava-se em plena efervescência naquele momento e a ela dedicavam-se nomes como Frédéric Le Play (1806-1882), René Worms (1869-1926) e Gabriel Tarde (1843-1904). Estes diferentes autores representavam propostas diferenciadas e concorrentes de sociologia com as quais

Émile Durkheim teve que debater e as quais acabou sobrepujando, seja pela densidade de sua obra, seja pela sua liderança acadêmica e institucional.

Em 1887 é nomeado professor de pedagogia e de ciência social na faculdade de **Bordeaux**, no Sul da França. Trata-se do primeiro curso de sociologia criado em uma universidade. É neste período que Durkheim escreve suas principais obras e forma a base de seu pensamento social. Em 1893, ele defende sua tese de doutorado (A Divisão do Trabalho Social) e funda a revista **L'Anné Sociologique**, na qual foi publicada a maior parte dos trabalhos iniciais da "Escola sociológica francesa".

Adquirindo grande notoriedade no ano de 1902, Durkheim é convidado para tornar-se professor suplente de Ferdinand Buisson na cadeira de ciência da educação na Universidade de Sorbonne, em **Paris**. Em 1906 torna-se titular da cadeira que passa a chamar-se "ciência da educação e sociologia" no ano 1913. Em 1914 começa na Europa a primeira guerra mundial. Com a morte de seu filho André, no conflito, Durkheim, profundamente abalado, falece em Paris, no dia 15 novembro de 1917.

Além de ser um dos principais fundadores do pensamento sociológico, Durkheim também é o responsável pela introdução desta ciência no ensino universitário. É com ele que a sociologia adentra no mundo acadêmico e se firma definitivamente como ciência, pois o autor reuniu em torno de si um grupo de pesquisadores e acadêmicos que consolidaram essa ciência no cenário francês. Liderada por Durkheim formou-se em Paris a chamada "Escola Sociológica Francesa", cujos principais representantes, além do próprio Durkheim, foram Marcel Mauss (1872-1950), Maurice Halbwachs (1877-1945), Paul Fauconnet (1874-1938), Cèlestin Bouglé (1870-1940) e François Simiand (1873-1935). Estes autores desenvolveram esta disciplina ao pesquisar os mais diversos campos de investigação sociológica, como a religião (Mauss e Hubert), o direito e a moral (Fauconnet), a economia (Halbwachs e Simiand), a criminalidade, a família e outras dimensões da vida social.

As principais obras de Émile Durkheim são:

- 1893 – *A divisão do trabalho social*
- 1895 – *As regras do método sociológico*
- 1897 – *O suicídio*
- 1912 – *As formas elementares da vida religiosa*

Além destes textos, podem-se mencionar ainda as seguintes obras póstumas do autor:

- 1922 – *Educação e sociologia*
- 1924 – *Sociologia e filosofia*
- 1925 – *A educação moral*
- 1928 – *O socialismo*

- 1938 – *A evolução pedagógica na França*
- 1950 – *Lições de sociologia*
- 1953 – *Montesquieu e Rousseau: precursores da sociologia*
- 1955 – *Pragmatismo e sociologia*
- 1970 – *A ciência social e a ação*

Analisando o conjunto da produção teórica de Durkheim, os principais estudiosos deste autor divergem sobre a evolução de sua obra.

- Para autores como Talcott Parsons (1937) e Steven Lukes (1973), por exemplo, existem importantes diferenças entre as obras escritas por Durkheim no período de Bordeaux e seu último grande texto: "As formas elementares da vida religiosa". Segundo esta interpretação, o "primeiro Durkheim" seria fortemente materialista ou positivista (no sentido de que valoriza mais o peso das estruturas sociais na explicação dos fenômenos sociais), enquanto o "segundo Durkheim", tomando como base o fenômeno religioso, seria eminentemente idealista ou culturalista (no sentido de que passa a valorizar o peso das representações simbólicas no estudo da vida social). Estes autores argumentam que conceitos e ideias apresentados por Durkheim em seu período de pesquisas em Bordeaux, como solidariedade mecânica, solidariedade orgânica, normal e patológico e outros, não serão mais encontrados em suas obras mais tardias, quando já se encontrava em Paris. Neste momento, a visão fortemente positivista de ciência, presente no início de sua carreira, teria sido relativizada, incorporando mais sistematicamente premissas idealistas, derivadas da filosofia de Kant.
- Já autores como Robert Nisbet (1965) e Anthony Giddens (1998) discordam da ideia de uma ruptura na trajetória deste pensador e insistem sobre o fato de que os pressupostos construídos por Durkheim no início de sua obra não foram abandonados ou modificados e continuam presentes em toda a sua trajetória teórica. Este segundo grupo considera a leitura que privilegia a obra tardia de Durkheim como estática e anti-histórica, desconsiderando a importância do problema da evolução das sociedades tradicionais para a sociedade moderna, considerada o centro da sociologia durkheimiana.

Estas diferentes interpretações também divergem na avaliação sobre as influências intelectuais que Durkheim recebeu, dentre as quais podemos citar:

- **Positivismo**: partindo de René Descartes (1596-1650) e passando por Augusto Comte, Durkheim vai retomar a ênfase no poder da razão (iluminismo) e na superioridade da ciência. Seu objetivo é fundar uma sociologia verdadeiramente "científica".
- **Evolucionismo**: a ideia de aplicar a noção de "evolução", elaborada por Charles Darwin (1809-1882), para o estudo da sociedade, já tinha sido iniciada pelo inglês Herbert Spencer (1820-1903). Embora rejeitasse os pressupostos biológicos contidos nas teses dos seus antecessores, Durkheim incor-

porou esta concepção a partir do pensamento de seu mestre Alfred Espinas (1844-1922).

• **Idealismo**: A influência de Kant (1724-1804) resulta da formação universitária do pensador que teve como professores os filósofos neokantianos como Charles Renouvier e Émile Boutroux.

• A teoria de Durkheim também traz a marca das pesquisas do historiador Fustel de Coulanges, autor do influente livro *A cidade antiga*, que teoriza sobre a influência dos rituais religiosos na vida familiar, social e política da Antiguidade. Por fim, vale lembrar que Durkheim também mantinha uma troca de ideias com Georg Simmel (1858-1918), embora ignorasse as ideias de Max Weber (1864-1920).

2. Teoria sociológica

Durkheim foi um pensador preocupado em fornecer para a sociologia sólidas bases filosóficas e procedimentos metodológicos detalhados para a realização de pesquisas sociais. Sua obra pode ser lida como uma constante tentativa de construção sistemática de uma teoria sociológica.

2.1. Epistemologia

Para entender os pressupostos filosóficos da teoria durkheimiana, vamos nos servir de um dos primeiros textos acadêmicos deste autor. Trata-se de sua "Lição inaugural" proferida no ano de 1887, quando Durkheim iniciou sua docência em Bordeaux. Nesta conferência, intitulada **Curso de Ciência Social**, ele realiza um histórico da disciplina e apresenta suas características essenciais. Escrito logo no início de sua carreira, ali estão fixadas as diretrizes epistemológicas de seu pensamento: 1) a retomada da visão positivista de método científico e 2) a tese do coletivo ou do social como o ponto de partida lógico na explicação dos fenômenos sociais.

Ao contrário de Platão e dos teóricos contratualistas que julgavam que a sociedade era fruto da vontade humana, os economistas teriam sido os primeiros a perceber que o comportamento social estava submetido ao determinismo das leis: "os economistas foram os primeiros a proclamar que as leis sociais são tão necessárias como as leis físicas e fazer deste axioma a base duma ciência" (DURKHEIM, 1975, p. 78). Como já vimos na **epistemologia positivista**, as ciências sociais devem pautar-se pelos mesmos métodos das ciências naturais, pois o mundo natural e a realidade social estão submetidos aos mesmos mecanismos de funcionamento: o determinismo da regularidade causal. Retomando esta convicção, Durkheim (1975, p. 79) sustenta que:

> Pode mesmo dizer-se que, de todas as leis, a melhor estabelecida experimentalmente – porque se lhe não conhece uma única exce-

> ção depois de ter sido verificada uma infinidade de vezes, é que proclama que todos os fenômenos naturais evoluem segundo leis. Portanto, se as sociedades estão na natureza, devem obedecer, também elas, a esta lei geral que resulta da ciência e ao mesmo tempo a domina.

No entanto, o equívoco da economia estava em que aplicava este princípio ao comportamento individual. A sociologia, ao contrário, deveria tomar como ponto de partida de sua análise a sociedade: "Augusto Comte retoma a proposta dos economistas: declara com eles, que as leis sociais são naturais, mas dá à palavra a sua plena acepção científica. Atribui à ciência social uma realidade concreta a conhecer: as sociedades" (DURKHEIM, 1975, p. 82).

Para alguns estudiosos, contudo, este rigoroso positivismo de influência comteana foi se modificando e, ao longo do tempo, o autor aproximou-se mais fortemente da visão kantiana do conhecimento, como podemos ver no livro *As formas elementares da vida religiosa*. Mas independente destas modificações, Durkheim sustentava a tese de que a explicação da vida social tem seu fundamento na sociedade, e não no indivíduo. Esta afirmação não significa que uma sociedade possa existir sem indivíduos, o que seria totalmente ilógico. O que ele desejava ressaltar é que uma vez criadas pelo homem, as estruturas sociais passam a funcionar de modo independente dos atores sociais, condicionando suas ações. A sociedade é muito mais do que a soma dos indivíduos que a compõem. Uma vez vivendo em sociedade, o homem dá origem a instituições sociais que possuem dinâmica própria. A sociedade é uma realidade "*sui generis*": os homens passam, mas a sociedade fica:

> Agrupando-se sob uma forma definida e por laços perduráveis, os homens foram um ser novo que tem a sua natureza e as suas leis próprias [...]. A vida coletiva não é uma simples imagem ampliada da vida individual. Ela apresenta caracteres **sui generis** que as induções da psicologia, só por si, não permitiam prever (DURKHEIM, 1975, p. 83).

Em todas as obras de Durkheim este pressuposto está presente. Em suas explicações sobre a origem da religião, sobre o conhecimento, sobre o comportamento do suicídio e mesmo sobre a divisão do trabalho social, é a sociedade que age sobre o indivíduo, modelando suas formas de agir, influenciando suas concepções e modos de ver, condicionando e padronizando o seu comportamento. Ninguém mais do que Durkheim vai colocar tanta ênfase na força do social sobre a vida humana, procurando sempre ressaltar que, em última instância, até mesmo a noção de pessoa ou de sujeito individual não passa de uma construção social.

A partir deste princípio, Durkheim inaugurou um dos principais paradigmas de análise sociológica, ainda hoje empregados nesta ciência: o **holismo metodológico**. A palavra "hóloiós", em grego, quer dizer "todo" e holismo significa que o todo predomina sobre suas partes. Em termos sociológicos, esta ideia se traduz na tese de que a sociedade tem precedência lógica sobre o indivíduo. Este tipo de abordagem do social está presente em diversos autores posteriores da sociologia e, por vezes, recebe nomes diferenciados, como objetivismo, realismo sociológico, estruturalismo, estruturismo, sistemismo e outras variantes. Apesar da variedade de termos empregados, todas estas teorias adotam como pressuposto o modo como Durkheim concebia o funcionamento da vida social: a sociedade agindo sobre o indivíduo.

Ao longo de sua carreira intelectual, Durkheim escreveu diversos artigos nos quais revisou por diversas vezes o que considerava serem as etapas e as contribuições dos principais pensadores para a constituição da disciplina sociológica. Ele reconhece a contribuição do pensamento social alemão para o desenvolvimento desta disciplina (**A ciência positiva da moral na Alemanha**, 1887), citando como os autores mais importantes nomes como Wilhelm Wundt, os economistas Wagner, Schmoeller e Albert Schaeffle. Mas, era em solo francês que ele achava que a sociologia havia se desenvolvido, incorporando as contribuições precursoras de Montesquieu e Condorcet e sendo inaugurada nas obras de Augusto Comte e Saint Simon, considerado por ele o fundador da sociologia (*A sociologia em França no século IX*, de 1900). Em relação ao contexto intelectual francês, além da contribuição do inglês Herbert Spencer, ele ressaltou a influência de nomes ligados ao pensamento organicista, como Alfred Espinas, e as propostas rivais de Gabriel Tarde e Frédéric Le Play (*A sociologia*, de 1915).

2.2. *Metodologia*

Na obra **As regras do método sociológico** (1895), Durkheim afirmava que os sociólogos, até então, tinham se preocupado pouco com a questão do método em sociologia. Segundo o autor, chegou a hora desta ciência elaborar "um método mais definido e mais adaptado à natureza particular dos fenômenos sociais" (DURKHEIM, 1978, p. 84). Em **As regras do método sociológico** Durkheim sistematiza e aprofunda os principais instrumentos da pesquisa sociológica, o que envolve a definição quanto: 1) ao objeto de estudo, 2) observação, 3) classificação e, 4) explicação dos fenômenos sociais.

a) Objeto de estudo: fato social

Partindo do pressuposto de que a sociedade tem precedência lógica sobre o indivíduo, Durkheim aponta como objeto da sociologia o **fato social**. A definição deste conceito, dada por Durkheim (1978, p. 93) no primeiro capítulo de **As regras do método sociológico**, é a seguinte:

> É um fato social toda a maneira de agir, fixa ou não, capaz de exercer sobre o indivíduo uma coerção exterior, ou, ainda, que é geral no conjunto de uma dada sociedade tendo, ao mesmo tempo, uma existência própria, independente das suas manifestações individuais.

Ao explicar o sentido desta definição, Durkheim enfatiza que os fatos sociais possuem duas características essenciais. A primeira é que eles são *exteriores*. Isto significa que o comportamento social não procede do próprio indivíduo, mas de algo exterior a ele: a sociedade. Entre os exemplos que ele menciona estão os deveres de irmão, esposo e cidadão, ou ainda as crenças e práticas religiosas, sinais, o sistema monetário e de crédito e as práticas de uma profissão. Diante destes exemplos "estamos pois em presença de modos de agir, de pensar e de sentir que apresentam a notável propriedade de existir fora das consciências individuais" (1978, p. 88).

A segunda propriedade dos fatos sociais é que eles são *coercitivos*, ou seja, são impostos pela sociedade ao indivíduo. Podemos até aceitar de boa vontade seguir os comportamentos sociais como uma escolha individual, mas, quando não seguimos as normas e regras sociais, sentimos a pressão da sociedade sobre nós. Por isso, "não somente estes tipos de conduta ou de pensamento são exteriores ao indivíduo, como são dotados dum poder imperativo e coercivo em virtude do qual se lhe impõe, quer ele queira ou não" (1978, p. 88).

O que logo se destaca na definição do fato social é que ela é perfeitamente condizente com o pressuposto epistemológico que guia a sociologia durkheimiana: é a sociedade que explica o indivíduo. Sendo produtos da sociedade, os fatos sociais são exteriores e coercitivos e a tarefa da sociologia consiste em explicar a ação das estruturas sociais sobre o comportamento dos agentes sociais. Durkheim, portanto, distingue claramente os níveis biológico, psicológico e social da conduta humana e delimita como tarefa da sociologia apenas o estudo da realidade "social" (coletiva) e de suas características:

Nível biológico	Consciência orgânica	Nível material	Substrato fisiológico da memória individual
Nível individual	Consciência psíquica	Nível espiritual	Substrato psíquico da memória coletiva
Nível social	Consciência coletiva	Nível hiperespiritual	Substrato morfológico

b) Observação: fato social como coisa

Para explicar a existência e ocorrência dos fatos sociais, Durkheim formulou como primeiro procedimento da sociologia o seguinte enunciado: "a primeira regra e a mais fundamental é a de considerar os fatos sociais como coisas" (1978, p. 94).

Esta regra geral deriva claramente da visão epistemológica positivista de que as ciências sociais, particularmente a sociologia, devem adotar os mesmos métodos e procedimentos de pesquisa das ciências naturais. O sociólogo deve olhar seu objeto de estudo com o mesmo espírito de exterioridade com o qual os pesquisadores das ciências exatas compreendem a natureza:

> Devemos, portanto, considerar os fenômenos sociais em si mesmos, desligados dos sujeitos conscientes que, eventualmente, possam ter as suas representações; é preciso estudá-los de fora, como coisas exteriores, porquanto é nesta qualidade que eles se nos apresentam (1978, p. 100).

Para que esta orientação tivesse uma aplicação prática, existem alguns "corolários" desta regra, ou seja, um conjunto de procedimentos operacionais que os sociólogos deveriam adotar para que os fenômenos sociais fossem vistos sempre como coisas dotadas de um caráter objetivo. Estas regras são as seguintes:

> 1º) É necessário afastar sistematicamente todas as noções prévias: significa que o sociólogo deve romper com as representações, ideias e conceitos elaborados pelo senso comum a respeito da vida social em geral;
>
> 2º) Tomar sempre como objeto de investigação um grupo de fenômenos previamente definidos por certas características exteriores que lhes sejam comuns, e incluir na mesma investigação todos os que correspondem a esta definição;
>
> 3º) Quando o sociólogo empreende a exploração de uma qualquer ordem de fatos sociais, deve esforçar-se por considerá-los sob um ângulo em que eles se apresentam isolados de suas manifestações individuais (1978, p. 102-109).

Estes corolários postulam uma radical separação entre o senso comum e a investigação sociológica. A sociologia não poderia confundir as representações que os próprios indivíduos, em seu conhecimento ordinário, realizam da vida social e a análise científica destes fatos. Durkheim tinha em vista garantir para a ciência sociológica uma absoluta objetividade. Isto significa eliminar completamente a influência de fatores subjetivos e individuais no processo de pesquisa. A objetividade é uma propriedade essencial de qualquer ciência e somente esta característica garante que ela seja imparcial e neutra.

c) Classificação dos fatos sociais: normal x patológico

A distinção entre o normal e o patológico foi, já naquele tempo, um dos aspectos mais criticados dos procedimentos recomendados por Durkheim. De acordo com o critério elaborado pelo autor, o que distingue um fato social do outro é a sua regularidade. Um fato social é normal quando ele é encontrado na média das sociedades e é considerado anormal quando ele é extraordinário e eventual. Nas palavras de Durkheim:

> 1º) Um fato social é normal para um tipo social determinado, considerado numa fase determinada de desenvolvimento, quando se produz

na média das sociedades desta espécie, consideradas numa fase correspondente de desenvolvimento;

2º) Os resultados do método precedente podem verificar-se mostrando que a generalidade deste fenômeno está ligada às condições gerais da vida coletiva do tipo social considerado;

3º) Esta verificação é necessária quando este fato diz respeito a uma espécie social que ainda não cumpriu uma evolução integral (1978, p. 118).

Durkheim afirmava também que o fato social normal representa um estado de saúde e que o fato social patológico um estado de doença. O argumento é que um fato social é geral (e, portanto, normal) quando contribui com a preservação da vida social: "Ora [ele] seria inexplicável se as formas de organização mais frequentes não fossem, também, pelo menos no conjunto, as mais vantajosas" (1978, p. 115). Quanto às formas sociais patológicas "... [se] são mais raras é porque, na média dos casos, os sujeitos que as apresentam têm mais dificuldade em sobreviver" (1978, p. 115-116).

Esta tese durkheimiana provocou diversas polêmicas. Através desta visão, Durkheim alegou que certos comportamentos, como o crime, por exemplo, ainda que percebidos socialmente como negativos, eram, sociologicamente, normais (pois se adequavam aos critérios acima enunciados), o que, obviamente, provocou reações. Porém, a principal contradição deste par de conceitos é que eles confundem o nível empírico com o nível normativo. A correlação entre a generalidade de um comportamento e sua positividade e, principalmente, entre a particularidade de certas condutas e seus supostos efeitos negativos sobre a ordem social, expõe a sociologia ao risco de discriminar os grupos sociais com comportamentos diferenciados. A análise dos comportamentos-padrão e do comportamento desviante não pode assumir premissas morais em suas conclusões, como acaba fazendo a distinção durkheimiana entre o normal e patológico.

d) Explicação: a função social

Mais do que descrever e classificar os fatos sociais, a tarefa da sociologia é explicá-los, ou seja, entender as causas e razões que explicam a ocorrência e as características de nosso comportamento coletivo. É visando este aspecto que Durkheim recorre ao conceito de **função social.**

Para Durkheim, contudo, "a maior parte dos sociólogos julga ter explicado os fenômenos a partir do momento e quem definiu a sua utilidade e o papel que desempenham" (1978, p. 133). Ora, afirma ele, "mostrar a utilidade de um fato não explica o seu nascimento nem a aparência com que nos surge" (1978, p. 133). Em outros termos, não se determina a função social com base na utilidade que nós projetamos individualmente nos comportamentos coletivos. Foi justamente para evitar esta visão psicologista e finalista que Durkheim se propôs a distinguir claramente a explicação causal e a explicação funcional: "quando nos lançamos na explicação de um fato social, temos de investigar separadamente a causa eficiente que o produz e a **função** que ele desempenha" [grifo nosso] (1978, p. 135). Na visão durkheimiana, a primeira investigação (busca da causa eficiente) deve preceder a segunda (explicação funcional). Com base neste princípio, Durkheim formula o seguinte conceito de função social:

> Preferimos servir-nos do termo **função** em vez de fim ou de objetivo, precisamente porque os fenômenos sociais não existem geralmente com vista aos resultados úteis que produzem. O que é necessário determinar é se existe correspondência entre o fato considerado e as necessidades gerais do organismo social e em que consiste esta correspondência, sem nos preocuparmos em saber se foi ou não intencional (1978, p. 135).

A explicação causal consiste em remontar às origens dos fatos sociais, buscando entender como eles surgiram e se formaram. Mas, nem sempre é a origem histórico-causal de um fato social que determina sua função. Por isso, cabe a análise funcional determinar em que consiste esta funcionalidade. Nos termos de Durkheim, "se só se deve proceder à determinação da função em segundo lugar, ela não deixa de ser necessária para que a explicação do fenômeno seja completa. Com efeito, se não é a utilidade do fato que o fez nascer, ela é, porém, necessária para que o fato se mantenha" (1978, p. 136).

A especificidade da análise funcional durkheimiana ou do método funcionalista consiste em determinar as consequências positivas dos fenômenos sociais para o conjunto da sociedade. Nesta formulação, repete-se novamente a ideia de que o todo predomina sobre suas partes constituintes. Na visão durkheimiana, a parte (os fatos sociais) existe em função do todo (a sociedade). É exatamente este aspecto que a ideia de "função social" traduz: a ligação que existe entre as práticas e instituições sociais e o conjunto do tecido social. A análise funcionalista busca "[...] mostrar como os fenômenos que constituem a sua matéria contribuem para a harmonia da sociedade, no seu seio e com o exterior" (1978, p. 136). O método funcionalista não explica a função social dos fatos sociais por meios psicológicos, como se eles fossem o resultado das intenções subjetivas dos indivíduos. A explicação se encontra na própria sociedade, ou, como diria Durkheim: "a origem primária de qualquer processo social de uma certa importância deve ser procurada na constituição do *meio social* interno" (1978, p. 143-144, itálico meu). O fundamental é identificar a que tipo de necessidade corresponde qualquer fenômeno ou fato social e de que forma ele contribui para produzir a harmonia social.

2.3. A herança de Durkheim

A teoria sociológica de Durkheim exerceu uma notável influência no desenvolvimento do pensamento social. Suas teses sobre o "holismo metodológico" (nível epistêmico) e sua "análise funcionalista" (nível metodológico) foram retomadas e ampliadas na antropologia por Bronislaw Malinowski (1884-1942) e Radcliffe-Brown (1881-1955). Na sociologia, sua influência se estende por nomes como Talcott Parsons (1902 -1979), Robert Merton (1910-2003), e Niklas Luhmann (1927-1998) e a autores contemporâneos como Jeffrey Alexander, James Coleman e Richard Münch, por exemplo. Neste trajeto, sua teoria foi ampliada e desenvolvida, recebendo novas denominações como "neofuncionalismo", "estrutural-funcionalismo" ou ainda "teoria dos sistemas".

3. Teoria da modernidade

No centro da teoria da modernidade de Durkheim estava a preocupação de explicar os efeitos que as transformações modernas ocasionavam nos mecanismos de integração dos indivíduos na sociedade. A modernidade se caracterizava pela divisão do trabalho e pela especialização das funções. O advento da era da máquina acentuava a diferenciação social, com o surgimento das mais diversas esferas de atividades, sejam sociais ou econômicas. Esta transição também implicava em novos tipos de laços sociais, ou, novos tipos de relações entre os indivíduos. A sociologia de Durkheim procurou refletir sobre a ambiguidade desta situação mostrando que, por um lado, ela implicava em maior autonomia individual e, por outro, trazia dificuldades para os processos de coesão social.

3.1. A divisão do trabalho social (1893)

Na primeira de suas grandes obras, Durkheim busca analisar qual é a função que a divisão do trabalho cumpre nas sociedades modernas. Nesta obra, o autor adota a tese de que o mundo moderno é resultado de um processo de diferenciação social. Em seu esquema, o ponto de partida do processo de evolução social seriam as sociedades regidas pela **solidariedade mecânica** e seu ponto de chegada as sociedades caracterizadas pela **solidariedade orgânica**. A teoria da modernidade de Durkheim é construída na interpretação polar destes dois tipos de sociedade que ele procura explicar a partir dos seguintes elementos:

	Solidariedade Mecânica (Sociedade tradicional)	**Solidariedade Orgânica** (Sociedade moderna)
Laço de solidariedade	Consciência coletiva	Divisão do trabalho social
Organização social	Sociedades segmentadas	Sociedades diferenciadas
Tipo de direito	Direito repressivo	Direito restitutivo

O que distingue cada um destes momentos da evolução da sociedade são os mecanismos que geram a solidariedade social: a consciência coletiva e a divisão do trabalho social. A solidariedade mecânica e a solidariedade orgânica são diferentes estratégias de integração dos indivíduos nos grupos ou nas instituições sociais. Na primeira, a regulação moral das condutas sociais decorre das normas contidas na consciência coletiva. Na segunda, a moralidade social emana da própria divisão do trabalho, na medida em que ela valoriza a contribuição de cada indivíduo no processo de cooperação social. Por fim, a elas correspondem também diferentes modelos de estrutura social (sociedades segmentadas ou sociedades diferenciadas) que podem ser percebidas de acordo com o tipo de organização jurídica predominante (repressivo ou restitutivo).

3.1.1. Solidariedade mecânica

Nas sociedades de solidariedade mecânica, o fundamento da vida coletiva reside no fato de que os indivíduos partilham de uma "**consciência coletiva**". Esta consciência coletiva pode ser definida como "um conjunto de crenças e sentimentos comuns à média dos membros de uma mesma sociedade, que forma um sistema determinado que possui vida própria" (DURKHEIM, 1995, p. 50). Neste estágio da vida social, cujo exemplo seriam as sociedades tribais, existe total predomínio do grupo sobre os indivíduos. A diversidade de funções é mínima e, por essa razão, os indivíduos são semelhantes, não desenvolvendo suas aptidões e talentos individuais. Esta semelhança é reforçada principalmente porque a coesão social depende do fato de que os membros da sociedade partilhem de regras morais que lhes imprimem o valor e o primado da coletividade, conformando e padronizando suas concepções e condutas.

Mas, como demonstrar isto do ponto de vista sociológico? De que forma o sociólogo poderia constatar o predomínio da consciência coletiva sobre a conduta dos indivíduos? Que tipos de indicadores poderiam mostrar a existência desta forma de solidariedade? Para sustentar suas observações, Durkheim optou pelo estudo das normas jurídicas, consideradas por ele como um dos principais meios pelos quais a sociedade materializa (ou torna concreta) suas convicções morais, que são os elementos centrais da consciência coletiva. De acordo com a forma pela qual ele é organizado, o direito é o símbolo visível do tipo de solidariedade que existe na sociedade. Nas sociedades de solidariedade mecânica temos o predomínio do **direito repressivo**, enquanto nas sociedades de solidariedade orgânica predomina o direito restitutivo. A diferença entre eles é que enquanto no *direito restitutivo* o objetivo da lei é restabelecer a ordem das coisas no *direito repressivo* temos o predomínio da punição. Isto mostra a força da consciência coletiva sobre a vida dos indivíduos. Nas sociedades com solidariedade mecânica todos os atos criminosos deveriam ser punidos, pois a violação das regras sociais representa um perigo para a coesão (ou solidariedade social). Não são admitidas transgressões nas condutas individuais: os transgressores são punidos para mostrar aos outros membros do grupo o quanto custa desviar-se das regras coletivas. É neste sentido que o direito repressivo é um indicador bastante seguro do predomínio da consciência coletiva sobre a conduta dos indivíduos, mostrando que se trata de uma sociedade de solidariedade mecânica. Durkheim elabora, portanto, uma sofisticada sociologia do direito distinguindo sua evolução histórica e seus diferentes ramos:

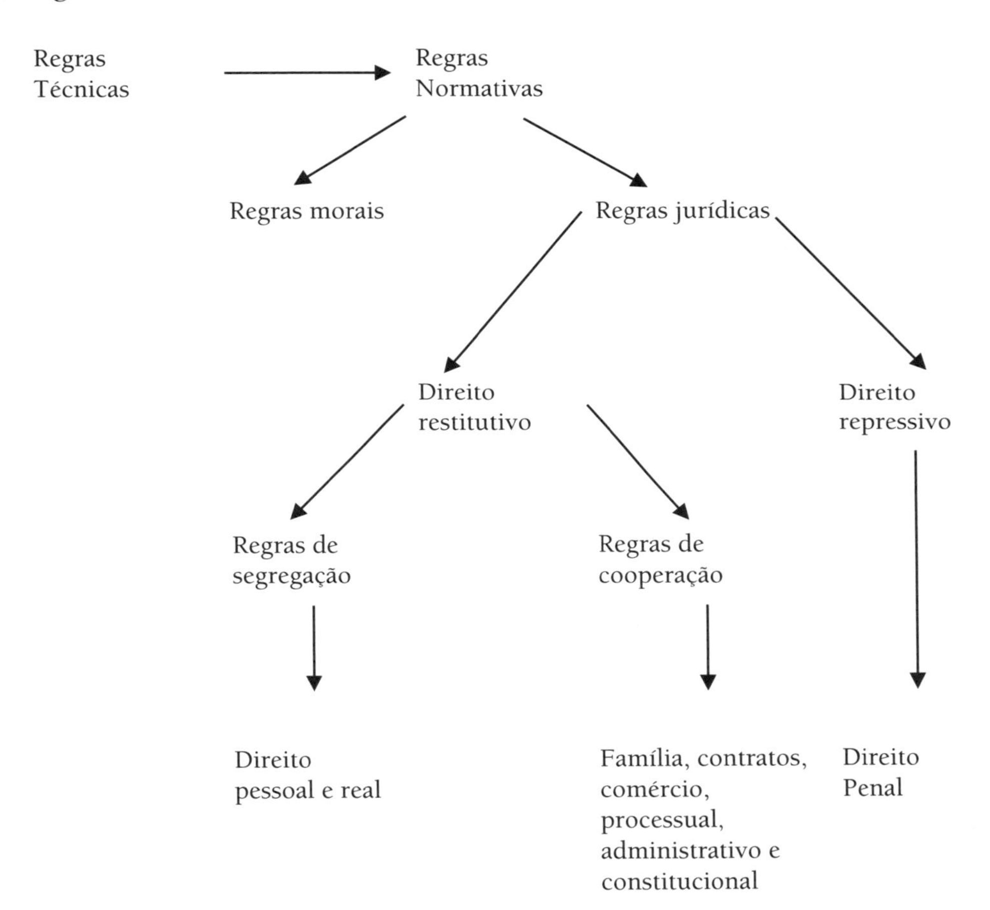

A apresentação das características deste estado da vida social é feita por Durkheim (1995, p. 75) nos seguintes termos:

> Todos sabem, com efeito, que existe uma coesão social cuja causa está numa certa conformidade de todas as consciências particulares a um tipo comum que não é outro senão o tipo psíquico da sociedade. Nessas condições, de fato, não somente todos os membros do grupo são individualmente atraídos uns pelos outros porque se assemelham, mas são ligados também pela condição de existência deste tipo coletivo, ou seja, a sociedade que eles formam mediante sua reunião. Os ci-

> dadãos não apenas se querem e se procuram entre si de preferência aos estrangeiros, mas também amam sua pátria.

Durkheim também observou que a estrutura das sociedades tradicionais era caracterizada por uma repetição de segmentos similares e homogêneos, que não tinham nenhuma relação entre si. Uma **sociedade segmentada** é aquela em que os grupos sociais (como aldeias, por exemplo) vivem isolados, com um sistema social que tem vida própria. O segmento basta-se a si mesmo e tem pouca comunicação com o mundo exterior. Neste tipo de sociedade, o crescimento dos membros não leva a uma diferenciação das funções, mas a formação de um novo grupo (segmento), que vai reproduzir as características do grupo social anterior.

3.1.2. Mudança social

Para explicar como se dá a transformação deste tipo de sociedade e o surgimento do mundo moderno, Durkheim afirma que, gradualmente, a sociedade passou por um processo de **mudança social**. Segundo Durkheim, três são os fatores responsáveis pelo crescimento da sociedade:

- Volume;
- Densidade material;
- Densidade moral.

Para entender o que são estes conceitos, Raimond Aron (1995, p. 306) nos fornece uma explicação bastante concisa:

> Para que o **volume**, isto é, o aumento do número dos indivíduos, se torne uma causa da diferenciação, é preciso acrescentar a densidade, nos dois sentidos, o material e o moral. A **densidade material** é o número dos indivíduos em relação a uma superfície do solo. A **densidade moral** é a intensidade das comunicações e trocas entre esses indivíduos. Quanto mais intenso o relacionamento entre os indivíduos, maior a densidade. A diferenciação social resulta da combinação dos fenômenos do volume e da densidade material e moral [grifos nossos].

Com o crescimento quantitativo (volume) e qualitativo (densidade material e moral), ocorre na sociedade um processo de diferenciação social e funcional, chamado por Durkheim de divisão do trabalho social. Por isso, nas sociedades modernas, temos um novo processo de integração dos indivíduos na sociedade: a solidariedade orgânica.

3.1.3. Solidariedade orgânica

A divisão do trabalho foi considerada por Durkheim como a característica central da sociedade moderna. Mas, para explicar sua importância e seu papel na modernidade, Durkheim rejeitou tanto a interpretação econômica quanto a interpretação sociológica em voga naquele momento. Em relação à dimensão econômica, ele argumentou que a divisão do trabalho social não pode ser compreendida apenas como um mecanismo que aumenta a produtividade e eficiência. Ela contém ainda uma função integradora e modifica os laços de solidariedade entre os indivíduos. A divisão do trabalho possui uma dimensão social, pois altera a lógica e a dinâmica das relações sociais. Era, pois, o aspecto sociológico da questão que Durkheim procurava elucidar. Nesta direção, ele argumentou que o aspecto fundamental da divisão do trabalho era seu caráter moral:

> Somos levados, assim, a considerar a divisão do trabalho sob um novo aspecto. Nesse caso, de fato, os serviços econômicos que ela pode prestar são pouca coisa em comparação com o **efeito moral** que ela produz, e sua verdadeira **função** é criar entre duas ou várias pessoas um sentimento de solidariedade (DURKHEIM, 1995, p. 21).

A divisão do trabalho inverte a lógica existente nas sociedades tradicionais. Enquanto nestas a diversidade das funções é mínima e há o predomínio de uma consciência coletiva, nas sociedades modernas há uma enorme diversidade de tarefas e a consciência coletiva se enfraquece, aumentando o espaço de autonomia individual. Como ele mesmo explica:

> A solidariedade produzida pela divisão do trabalho é totalmente diferente. Enquanto a precedente implica que os indivíduos se pareçam, esta supõe que eles diferem uns dos outros. A primeira só é possível na medida em que a personalidade individual fosse absorvida pela personalidade coletiva; a segunda só é possível se cada um tiver uma esfera própria de ação e, consequentemente, uma personalidade [...]. Efetivamente, cada um depende, por um lado, mais estreitamente da sociedade onde o trabalho é mais dividido e, de outro, a atividade de cada um é tanto mais pessoal quanto mais especializada ela seja (DURKHEIM, 1995, p. 83).

Mas, o que significa dizer que a divisão do trabalho cria "laços" ou "solidariedade" entre os indivíduos? Em que medida ela representa um novo mecanismo de integração social? Durkheim considerava que seria um erro concluir que a função social da divisão do trabalho social era resultado somente da interdependência das atividades. Não é apenas porque os indivíduos necessitam uns dos outros que a divisão do trabalho cria a unidade social, pois, desta forma, ela não teria nenhum efeito moral. Compreendida desta forma, a divisão do trabalho não seria a fonte de normas, valores e deveres. A solidariedade orgânica não é um efeito indireto e mecânico da busca da satisfação dos interesses pessoais. É justamente a busca do fundamento moral que constitui o eixo da explicação sociológica durkheimiana para os efeitos sociais da divisão do trabalho. Segundo o autor:

> Toda sociedade é uma sociedade moral. Sob certos aspectos, esse caráter é até mais pronunciado nas sociedades organizadas. Como o indivíduo não se basta, é da sociedade que ele recebe tudo o que lhe é necessário, como é para ela que ele trabalha. Forma-se, assim, um sentimento fortíssimo do estado de dependência em que se encontra: ele se acostuma a estimar-se por seu justo valor, isto é, a se ver como parte de um

todo, o órgão de um organismo. Por seu lado, a sociedade aprende a ver os membros que a compõem não mais como coisas sobre as quais tem direitos, mas como cooperadores que ela não pode dispensar e para com os quais tem deveres [...]. Na realidade, a cooperação também tem sua moralidade intrínseca (DURKHEIM, 1995, p. 219).

A tese durkheimiana é que a interdependência de funções consiste, por si mesma, em um valor moral. Ocorre que a divisão do trabalho transfere o eixo da moralidade da consciência coletiva para o indivíduo. Sem essa autonomia e independência, a divisão do trabalho não seria possível. Este é elo de dever que liga o indivíduo à sociedade. A individualidade passa a ser considerada um valor, pois é da autonomia de cada pessoa que depende a coesão social. Mesmo havendo um enfraquecimento da consciência coletiva, a moral social não desaparece, pois é a liberdade de cada indivíduo que torna a convivência social possível e necessária.

3.1.4. Patologias sociais

No entanto, Durkheim reconheceu que, longe de haver apenas unidade, coesão e harmonia, a sociedade moderna era atravessada também por crises, lutas e conflitos. Como explicar esta aparente contradição? Se a divisão do trabalho era a fonte de uma nova solidariedade, como explicar o estado de desagregação social que imperava naquele tempo? Durkheim também estudou estes fenômenos que para ele seriam "formas anormais" ou patológicas, dividindo-os em três tipos:

- *divisão de trabalho anômica*: suas principais manifestações seriam as crises industriais e comerciais, o antagonismo entre trabalho e capital e as falências. Segundo Durheim, "esses diversos exemplos são, pois, variedades de uma mesma espécie; em todos os casos, se a divisão do trabalho não produz a solidariedade, é porque as relações entre os órgãos não são regulamentadas, é porque elas estão num estado de **anomia**" (DURKHEIM, 1995, p. 385). Em sua ótica, a anomia era um fenômeno transitório e resultava do fato de que os diversos órgãos da divisão do trabalho ainda não estavam suficientemente integrados entre si. O conceito de anomia possui uma função-chave no pensamento de Durkheim, pois é através desta categoria que este pensador busca detectar e analisar o que ele julgava ser a principal contradição e o grande desafio da sociedade moderna: o enfraquecimento de seus laços morais.
- *divisão do trabalho forçada*: neste tipo Durkheim considerou especialmente as "guerras de classes". Ele procurou explicar a existência dos conflitos sociais como resultado do fato de que certos indivíduos eram obrigados a aceitar certas funções independente de suas escolhas: "se a instituição das classes ou casta dá origem, por vezes, a dolorosos atritos, em vez de produzir solidariedade, é porque a distribuição das funções sociais em que ela repousa não corresponde, ou, antes, não mais corresponde à distribuição dos talentos naturais" (DURKHEIM, 1995, p. 392). Desta forma, o autor criticou a desigualdade de condições: "eis por que, nas sociedades organizadas, é indispensável que a divisão do trabalho se aproxime cada vez mais desse ideal de espontaneidade que acabamos de definir" (p. 399).

• *divisão do trabalho burocrática*: neste tipo de patologia, Durkheim observou que nas empresas podia acontecer "que as funções sejam distribuídas de tal sorte que não proporcionam matéria suficiente para a atividade dos indivíduos" (DURKHEIM, p. 409). Neste caso, a divisão especializada das tarefas está conjugada com a falta de produtividade e um desejuste na coordenação das funções, o que também diminui a solidariedade ou integração social: "portanto, se o trabalho fornecido não apenas não é considerável, mas além disso não é suficiente, é natural que a própria solidariedade não apenas seja menos perfeita, conforme falte mais ou menos" (DURKHEIM, 1995, p. 413).

Apesar de reconhecer os efeitos desintegradores que estão associados ao surgimento da sociedade industrial moderna, Durkheim recusou-se a ver estes fenômenos patológicos como consequência direta da divisão social do trabalho, interpretando-os como resultado de um desajuste temporário: "as funções que se dissociaram no curso da tormenta não tiveram tempo de se ajustar umas às outras, a nova vida que se desprendeu como de que repente não pôde organizar completamente" (DURKHEIM, 1995, p. 432).

3.2. O suicídio (1897)

Os problemas de integração do indivíduo na sociedade moderna são retomados por Durkheim em outra de suas obras clássicas: **O suicídio**. Neste texto, o pensador francês tenta mostrar que o comportamento de suicidar-se também possui causas sociais. O suicídio, definido por Durkheim como "todo caso de morte provocado direta ou indiretamente por um ato positivo ou negativo realizado pela própria vítima e que ela sabia que devia provocar esse resultado" (DURKHEIM, 1978, p. 167), não se deve apenas a causas psicológicas, psicopatológicas ou mesmo a processos de imitação. Uma das forças que também determina o suicídio é social. Para entender este fenômeno Durkheim estuda, através de recursos estatísticos, as "taxas de suicídio", julgando ser este o indicador fundamental que exprime a tendência ao suicídio pela qual uma determinada sociedade pode ser afligida. Com base neste recurso, Durkheim distingue quatro tipos de suicídio:

• *Suicídio egoísta*: resultado da não integração dos indivíduos às instituições, grupos ou redes sociais que permeiam a vida social. Neste caso, "o ego individual se afirma demasiadamente face ao ego social e à custa deste último" (DURKHEIM, 1995, p. 109). Esta forma de suicídio tem como causa fundamental o excesso de individualismo e também se verifica em momentos de desagregação social, refletindo-se em sentimentos como a depressão e a melancolia.

• *Suicídio altruísta*: praticado quando o indivíduo se identifica tanto com a coletividade, que é capaz de tirar sua vida por ela (mártires, kamikazes, honra, etc.). Neste caso, "o ego não se pertence, se confunde com outra coisa que ele próprio, em que o polo de sua conduta se situa fora de si mesmo, ou seja, num dos grupos a que ele pertence" (DURKHEIM, 1995, p. 114). Ele é mais comum entre as sociedades pré-modernas e tradicionais, mas também pode ser encontrado nas civilizações modernas.

• *Suicídio anômico*: é aquele que se deve a um estado de desregramento social, no qual as normas estão ausentes ou perderam o sentido. Esta forma de suicídio seria típica da sociedade moderna, seja nos momentos de crise econômica ou mesmo de abundância material.

• *Suicídio fatalista*: trata-se de um tipo de suicídio residual, que aparece de forma bastante marginal em sua obra. Ele seria resultado do excesso de regulamentação moral sobre o indivíduo, de tal maneira que suas aspirações e desejos ficam anulados por uma disciplina excessivamente opressiva.

Em cada um destes tipos de suicídio, Durkheim tematiza os problemas da relação entre o indivíduo e a sociedade. No caso do primeiro par (egoísmo x altruísmo), o que temos são problemas na ordem da integração social, causados ou pela falta de absorção do indivíduo nos organismos sociais, derivados do enfraquecimento dos grupos religiosos, familiares e políticos (suicídio egoísta); ou, ao contrário, pela anulação da individualidade e do senso de autonomia diante do peso excessivo destes mesmos grupos (suicídio altruísta). A segunda polaridade (anomia x fatalismo) diz respeito à dimensão da regulação social e envolve a capacidade da sociedade em controlar, mediante as normas morais, os desejos e aspirações sempre infinitos dos indivíduos. Quando as normas morais dos diferentes grupos sociais não conseguem regulamentar o comportamento humano verifica-se o suicídio anômico. E, quando a força destas normas oprime o indivíduo, ocorre o suicídio fatalista. Em todos estes casos, o suicídio pode ser causado ou pelo excesso de peso da sociedade sobre o indivíduo, ou pelo afrouxamento dos laços entre o indivíduo e a coletividade. Em qualquer dos casos, suas causas serão preponderantemente sociais.

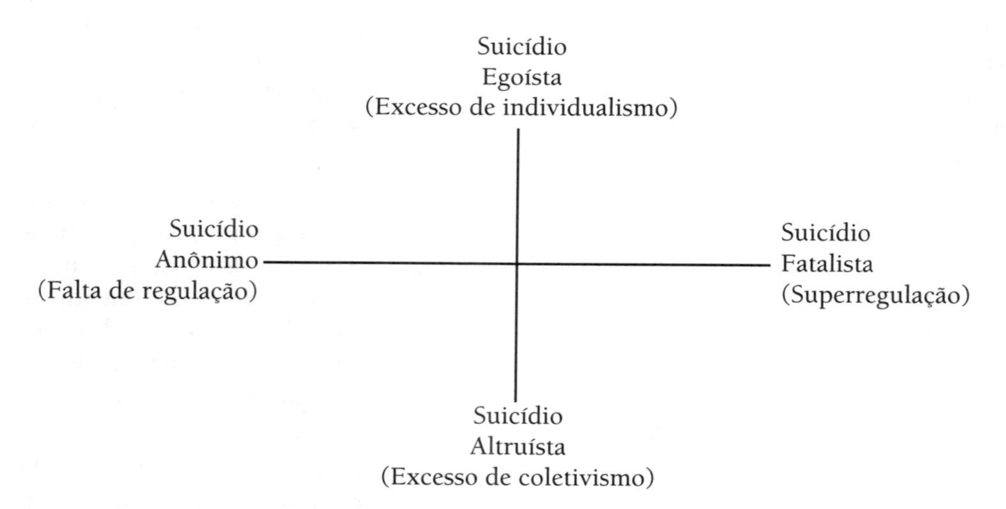

Nesta obra, Durkheim retoma e aprofunda seu conceito de **anomia**, apresentado, novamente, como o problema central das sociedades modernas. Longe de ser passageiro e transitório, ele passa a sustentar que a anomia é um problema endêmico do mundo atual. Ele não é fruto apenas da falta de articulação entre atividades e tarefas, mas resultado da falta de uma moralidade orientadora e disciplinadora das condutas individuais. Na visão durkheimiana, o problema central da modernidade é que, por um lado, o enfraquecimento da consciência coletiva e o aumento da autonomia pessoal representam uma conquista para o indivíduo; mas, por outro, o exacerbamento do individualismo coloca em risco o processo de coesão e integração social.

3.3. *As formas elementares da vida religiosa (1912)*

A mesma determinação do social sobre o particular pode ser sentida em uma das últimas obras de Durkheim: **As formas elementares da vida religiosa**. Neste livro, a partir da análise do totemismo australiano, Durkheim procura elaborar uma *teoria sociológica da religião*. Nesta teoria, todas as religiões são constituídas pela divisão da realidade em duas esferas: a sagrada e a profana. Em Durkheim, a superioridade da esfera do sagrado não passa de uma percepção difusa que os homens têm da força do social sobre eles mesmos. A religião é a sociedade transfigurada. Mais uma vez, é a sociedade que é superior ao indivíduo e a religião não passa de uma expressão desse fato. Além de uma explicação para a origem da religião, suas crenças e seus ritos, esta obra também desenvolve uma *teoria sociológica do conhecimento* mostrando que a capacidade do homem em explicar o mundo ao seu redor tem origem na sociedade que serve de modelo para este processo. Por fim, há autores que reconhecem nas Formas Elementares também uma nova forma de teorizar a realidade social em seu conjunto. A religião serviu para que ele demonstrasse a centralidade das representações coletivas na vida social, evidenciando que o domínio social é essencialmente simbólico. Nesta terceira dimensão, a sociologia da religião de Durkheim assume a dimensão de uma nova *teoria sociológica*.

a) Teoria sociológica da religião

Para realizar suas pesquisas na área da teoria sociológica da religião, Durkheim parte daquela que considera como sendo a mais simples das religiões dentro do processo evolutivo: o *totemismo*. Esta religião, encontrada em vários grupos sociais australianos, não foi estudada diretamente por Durkheim, que se serviu de relatos históricos e antropológicos para chegar às suas conclusões. Através do estudo do totemismo, acreditava ele, poder-se-ia aplicar as conclusões das pesquisas para a compreensão de todas as religiões, mesmo aquelas mais evoluídas e complexas.

Segundo Durkheim, a essência da religião está na distinção da realidade em duas realidades distintas: a esfera sagrada e a esfera profana. A *esfera sagrada* se compõe de um conjunto de coisas, de crenças e de ritos que formam certa unidade que podemos chamar de religião. Como diz o próprio Durkheim (2003, p. 19):

> Todas as crenças religiosas conhecidas, sejam elas simples ou complexas, apresentam um mesmo caráter comum: supõem uma classificação das coisas, reais ou ideais, que os homens representam, em duas classes ou gêneros opostos, designados geralmente por dois termos distintos que as palavras sagrado e profano traduzem bastante bem.

A religião envolve tanto o aspecto cognitivo ou cultural (crenças) quanto o material ou institucional (ritos) da esfera sagrada. Quando as crenças religiosas são compartilhadas pelo grupo, temos o que o pensador chama de "igreja". Quanto à *esfera profana*, trata-se daquele conjunto da realidade que se define por oposição ao sagrado, constituindo, em geral, a esfera das atividades práticas da vida: economia, família, etc. A respeito da oposição entre estas duas esferas, Durkheim (2003, p. 21-22) esclarece que:

> Mas se uma distinção puramente hierárquica é um critério, ao mesmo tempo muito geral e muito impreciso, não nos resta outra coisa para definir o sagrado em relação ao profano, a não ser sua heterogeneidade. E o que torna essa heterogeneidade suficiente para caracterizar semelhante classificação das coisas e distingui-las de qualquer outra é justamente o fato de ser ela muito particular: ela é absoluta.

Na forma de um esquema temos que:

ESFERA SAGRADA	Religião = (crenças + ritos)	Igreja (organização)
ESFERA PROFANA	Atividades cotidianas	

Analisando os grupos sociais australianos, Durkheim sublinhou o fato de que os diversos *clãs* (grupos de parentesco não constituídos por laços de sangue) tinham certos símbolos que os identificavam, chamados de *totem*. Este símbolo do clã (um animal, uma árvore, etc.) era representado em diversos objetos que passavam a ser considerados sagrados. O totem não é só um ser em particular, mas também todos aqueles artefatos que o imitam (como uma imagem do jacaré em relação ao próprio animal, por exemplo). Diante deste ser (e das suas representações), os indivíduos tinham que adotar comportamentos religiosos que Durkheim estudou detalhadamente. Em sua análise dos *ritos religiosos*, o autor distingue os ritos negativos (proibições), os ritos positivos (deveres religiosos) e ainda os ritos de expiação ou piaculares (cerimônias de perdão pelas violações cometidas) que constituem o conjunto de práticas e ritos que definem as religiões.

É importante assinalar que nestas tribos australianas a divindade não é concebida como um ser pessoal, distinto dos homens. É por isso que Durkheim rejeita as teorias que explicam a origem da religião a partir deste pressuposto, como é o caso do animismo e do naturismo. Enquanto para o primeiro a religião constitui a crença em um espírito, o naturismo postula que a divindade seria a divinização de elementos da natureza. No totemismo, a noção de divindade pessoal ainda não está elaborada. A divindade é concebida como uma força anônima e impessoal que encontramos em cada um dos seres, como animais, plantas ou outros objetos. É por isso que se trata da mais simples das religiões: o conjunto da realidade no qual esta força se encontra é que constitui a esfera sagrada. É por isso, enfim, que Durkheim afirma que a esfera sagrada, em oposição à esfera profana, constitui a essência de qualquer religião.

Depois de definir o fenômeno religioso, Durkheim preocupa-se em demonstrar sua origem, destacando o fato de que este fenômeno tem uma gênese social. De acordo com sua tese, esta força difusa, anônima e impessoal, mas, acima de tudo, superior, que os homens sentem que age sobre eles e à qual devem obediência, não passa de uma percepção não elaborada da força da sociedade sobre o indivíduo. Como diz o próprio autor, "de uma maneira geral, não há dúvida de que uma sociedade tem tudo o que é preciso para despertar nos espíritos, pela simples ação que exerce sobre eles, a sensação do divino; pois ela é para seus membros o que um deus é para os fiéis" (2003, p. 211). Mais uma vez, a ideia de que é a sociedade que explica o comportamento dos indivíduos é retomada por Durkheim para explicar tanto a origem e como a própria essência da religião.

b) Teoria sociológica do conhecimento

Além de uma análise da religião propriamente dita, esta obra contém também uma **teoria sociológica do conhecimento**. Partindo do pressuposto de que a ciência e as outras formas modernas de pensamento têm sua origem na religião (que são os primeiros sistemas de representação do mundo), o autor busca traçar as suas origens sociais. A tese de que classificamos os seres do universo (mundo natural) porque temos o exemplo das sociedades humanas foi apresentada por Durkheim em texto que ele publicou em 1902, justamente com seu sobrinho Marcel Mauss, intitulado **Algumas formas primitivas de classificação**.

De acordo com a argumentação de *As formas elementares da vida religiosa*, no totemismo, como em qualquer religião, todos os seres eram classificados, ou na esfera sagrada, ou na esfera profana. Os entes ou objetos que representassem o totem (objetos, plantas, animais, membros da tribo, partes do corpo, etc.) pertenciam ao mundo sagrado, enquanto o restante das coisas existentes pertencia ao mundo profano. Logo, a religião forneceu ao homem um critério a partir do qual ele podia classificar e ordenar as coisas do mundo. As categorias do pensamento humano, como as noções de tempo, espaço, gênero, espécie, causa, substância e personalidade, têm sua origem na religião, ou, em outras palavras, na sociedade. Foi tomando a sociedade, suas relações hierárquicas (sociais) e suas crenças como modelos, que o homem foi construindo suas primeiras explicações do universo, aplicando as categorias do mundo religioso (ou social) ao mundo natural.

Com esta teoria, Durkheim buscou superar o dualismo da teoria epistemológica dividida entre a concepção que julgava que a origem do conhecimento provinha da experiência (teoria empirista) ou de ideias inatas no indivíduo (teoria racionalista). Seu objetivo foi dar a esta discussão epistemológica uma fundamentação sociológica. Para o pensador francês, se as experiências individuais fornecem ao indivíduo o conteúdo ou a matéria do conhecimento, é a sociedade que constrói no homem as categorias lógicas (como a noção de tempo, espaço, causalidade) pelo qual ele organiza os dados da experiência. A própria noção de causalidade (que é o princípio científico de que todo fenômeno tem sempre um causa eficiente, que explica a origem do fenômeno) tem sua raiz na ideia do "mana", ou seja, o ser divino que está materializado no totem e é responsável pela "força", vida ou movimento das coisas. Mais uma vez, Durkheim volta ao pressuposto que guia todas as suas obras: a sociedade é o fundamento lógico que explica o comportamento humano. A vida coletiva também é responsável pela origem das formas de conhecimento humano, ou das categorias mentais pelas quais o homem organiza os dados de sua própria experiência. Seguindo os passos de Kant que também buscou superar e integrar a abordagem racionalista e empirista, Durkheim forneceu uma explicação sociológica para a origem e o fundamento do conhecimento.

c) Teoria sociológica do simbólico

A partir do ano de 1895, a religião passou a ser encarada por Durkheim como um elemento central da vida social. Tratava-se, para ele, de uma verdadeira "revelação", na medida em que ele enxergava nos fatos religiosos os elementos que originam as diversas manifestações da vida social. Conforme ele mesmo declara: "É somente em 1895 que eu tive o sentimento claro do papel capital desempenhado pela religião na vida social. É neste ano que, pela primeira vez, achei o meio de abordar sociologicamente o estudo da religião. Isto foi para mim uma revelação. Este curso de 1895 marca para mim uma linha de demarcação no desenvolvimento de meu pensamento" (DURKHEIM, 1975, p. 404).

Em sua análise da religião, o autor dá especial destaque para a dimensão moral dos fatos sociais e a dimensão normativa das condutas humanas. Afinal, se a sociedade é a religião transfigurada, isso significa que a vida social é uma realidade essencialmente simbólica, sendo composta por elementos morais, ideais e culturais: "Assim, a vida social não é possível que graças a um vasto simbolismo. Os emblemas materiais, as representações figuradas das quais vamos nos ocupar especialmente no presente estudo são uma forma particular, mas também há outras" (p. 314 e 315).

Durkheim apresenta a tese de que o domínio simbólico constitui o fundamento do domínio social chamando a atenção sobre a capacidade da religião (enquanto representação cultural) para constituir os laços sociais. Em um de seus exemplos, ele mostra como as tribos australianas, dispersas ao longo de um vasto território, reuniam-se nas festas coletivas que, de forma ritual, expressavam e fundamentavam a unidade do grupo social: "A vida das sociedades australianas passa alternadamente por duas fases diferentes. Ora, a população está dispersa em pequenos grupos que se ocupam, independentemente uns dos outros, de suas tarefas [...].

Ora, ao contrário, a população se concentra e se condensa, por um tempo que varia de vários dias a vários meses, em pontos determinados" (DURKHEIM, 2003, p. 221-222). Com base na observação deste fenômeno, Durkheim (2003, p. 467) pôde concluir que:

> Uma sociedade não é constituída simplesmente pela massa dos indivíduos que a compõem, pelo solo que ocupam, pelas coisas que utilizam, pelos movimentos que realizam, mas, antes de tudo, pela **ideia** que ela faz de si mesma [...]. Seguramente há razões para saber por que os ideais evoluem; mas seja qual for a resposta a esse problema; a verdade é que sucede no mundo do **ideal** (grifos nossos).

Esses estados de efervescência coletiva eram vistos como um dos fatores fundamentais para explicar a coesão social. Como os momentos de vida coletiva não podem ser permanentes, os estados simbólicos cumprem a função de manter e constituir o próprio tecido social. Considerações dessa natureza também estão presentes no texto **Representações sociais e representações coletivas** (escrito em 1898), bem como em uma das últimas publicações do autor, intitulada **O dualismo da natureza humana e as suas condições sociais** (de 1914). Neste escrito, ele volta a chamar a atenção para a tese de que "estas grandes concepções religiosas, morais, intelectuais que as sociedades extraem de seu seio durante os períodos de efervescência criadora, os indivíduos levam-nas consigo uma vez que o grupo se dissolveu e que a comunhão social se realizou" (DURKHEIM, 1975, p. 301).

A partir desta leitura é possível localizar em Durkheim uma teoria sociológica culturalista dos fatos sociais que será especialmente desenvolvida por seu sobrinho, Marcel Mauss, e que será retomada posteriormente na sociologia especialmente pela apropriação de sua obra por Talcott Parsons e pelas teorias do interacionismo simbólico, da etnometodologia e da teoria das representações sociais. Na Antropologia esta dimensão de sua obra é particularmente acentuada por Mary Douglas (1921-2007).

4. Teoria política

A teoria política de Durkheim é uma das áreas menos estudadas da sociologia deste autor. Esta negligência se deve especialmente ao fato de que ele não desenvolveu uma teoria política de forma sistemática e não se envolveu de maneira frequente e ativa com os problemas sociais de seu tempo. Mesmo assim podemos constatar que Durkheim era um agudo defensor dos ideais republicanos e lutava fortemente por uma educação estatal laica, desligada da religião. Além disso, em textos como "O individualismo e os intelectuais", ele debateu abertamente o caso Dreyfus (polêmica que mobilizou a França em torno da condenação por traição de um militar, motivada por sentimentos antissemitas) e também se pronunciou sobre a primeira guerra mundial ("A Alemanha acima de tudo" e "Quem quis a guerra?"). Outra obra importante do pensamento político de Durkheim são os textos em que ele analisa o socialismo, especialmente o pensamento de Saint Simon ("O socialismo") e as **Lições de sociologia**, onde aparece seu pensamento sobre o Estado e as corporações.

Quanto ao conteúdo de seu pensamento político, a maioria dos comentadores de Durkheim se divide em torno de três posições. Para um primeiro grupo (como Nisbet (1952), Coser (1960) e Löwy (1994)), Durkheim seria um teórico "conservador" preocupado em restabelecer a ordem e a moral social. Esta interpretação enfatiza a crítica de Durkheim às ideias socialistas e insiste na sua ligação com as ideias dos filósofos conservadores que se opuseram à Revolução Francesa (Bonald, De Maistre, Burke, etc.), bem como sua conexão com as ideias de Comte e sua luta para equilibrar o progresso com a ordem. Já para um segundo grupo de estudiosos (Richter (1960), Lacroix (1981), Logue (1983), Bellamy (1994) e Giddens, (1998), Durkheim seria um teórico essencialmente "liberal". Este grupo dá destaque à luta de Durkheim contra os intelectuais conservadores ligados ao catolicismo, sua adesão aos valores republicanos e a educação laica e ainda sua preocupação em apresentar o "culto do indivíduo" como o valor central das sociedades modernas. Por fim, um grupo de teóricos que veem afinidades do pensamento de Durkheim com o socialismo solidarista: Lukes (1973) e Filloux (1977)).

4.1. Anomia, egoísmo e individualismo

O primeiro diagnóstico das patologias da modernidade de Durkheim recebeu uma *formulação sociológica* e é representado especialmente pelo conceito da **anomia** (a + nómos, que significa ausência de normas). Segundo a tese desenvolvida em **A divisão do trabalho social**, com a passagem da sociedade de solidariedade mecânica para a sociedade de solidariedade orgânica ocorre uma ampliação da esfera da individualidade. A especialização das funções acarreta o declínio da consciência coletiva que ainda não havia sido substituída por novos valores adaptados aos diversos órgãos da sociedade. Nesta obra, Durkheim sustenta que a anomia seria um fenômeno passageiro, fruto de um desajuste temporário na integração das tarefas econômico-sociais. Em momento posterior, na obra **O suicídio**, Durkheim reformula o conceito que aparece agora como um problema endêmico do mundo moderno, resultado do enfraquecimento da regulação moral das condutas sociais. Na visão sociológica durkheimiana, o conceito de anomia expressa as contradições da vida em tempos modernos: o paradoxo da modernidade é que, se de um lado existe maior autonomia para o indivíduo, por outro, existe o risco de que o excesso de liberdade leve à desagregação social.

Na polêmica a respeito do caso Dreyfus, Durkheim retoma esta questão e lhe confere uma *formulação política*. No texto **Os intelectuais e o individualismo**, escrito em 1898, ele estabelece uma importante distinção entre o "egoísmo" e o "individualismo". De acordo com sua visão, o **egoísmo** representa a perseguição dos interesses próprios sem qualquer consideração pelo coletivo. Ele representava, pois, uma falta de base moral e uma forma de manifestação patológica da liberdade individual.

Mas, descartar o egoísmo não significa deixar de apoiar a autonomia e a independência pessoal. Ao contrário, Durkheim sustentava que o "culto do indivíduo" ou **individualismo** era a principal base moral da sociedade moderna. O individualismo, neste caso, significa a valorização da figura do homem e o respeito pela pessoa humana: "nada mais resta que os homens possam amar e honrar em comum senão o próprio homem. Eis como o homem se tornou um deus para o homem e por que ele não pode, sem se mentir a si próprio, construir outros deuses" (DURKHEIM, 1975, p. 244). Este valor sagrado significava uma síntese dos ideais da Revolução Francesa. O individualismo representava para Durkheim o fundamento moral que perpassava a sociedade complexa dos tempos atuais. Tratava-se de um valor imanente, presente no próprio seio da sociedade e o único que poderia adaptar-se a ela. Por essa razão, apesar da posição metodológica de Durkheim (no qual tudo que é individual resulta do social), é no indivíduo que ele vê a solução dos dilemas da modernidade. Quando os homens tomarem consciência do valor do ser humano, dizia ele, os laços de solidariedade, fraternidade e respeito poderiam ser retomados. Somente o "culto de indivíduo" e de sua liberdade, que deveriam ser considerados como valores sagrados, poderiam oferecer um fundamento moral para a eliminação do egoísmo e dos conflitos sociais. A partir dessa tese, Durkheim buscou responder à crítica dos intelectuais conservadores (monarquistas e católicos) que criticavam o liberalismo por seu suposto utilitarismo individualista, ao mesmo tempo em que se distanciava de um liberalismo compreendido apenas em termos de interesses econômicos.

4.2. Socialismo e comunismo

Na visão sociológica e política de Durkheim, as contradições do mundo moderno não possuíam sua raiz na ordem econômica, mas situavam-se no domínio moral. Ele via os problemas econômicos, as crises sociais e os conflitos políticos como sintomas de processos situados em outras instâncias da vida social. Foi a partir deste quadro que o autor avaliou o pensamento socialista, como podemos verificar na obra que foi publicada como **O socialismo**, resultado de conferências realizadas na Universidade de Bordeaux, entre 1895 e 1896.

Embora alguns concebessem o socialismo como uma doutrina científica, Durkheim rejeitou esta visão e classificou estas teorias do domínio das doutrinas práticas: "o socialismo não é uma ciência, uma sociologia em miniatura, é um grito de dor e, por vezes, de cólera, lançado pelos homens que mais vivamente sentem nosso mal-estar coletivo" (DURKHEIM, 1993, p. 37). Ele reconheceu que a análise do socialismo como fato social era fundamental para detectar o estado social e as condições da sociedade de seu tempo. O socialismo não identificava as causas dos males modernos, mas representava um sintoma das contradições existentes.

Na visão durkheimiana, o **socialismo** era fruto das condições econômicas e políticas originadas no século XVIII e XIX e deve ser definido da seguinte forma:

"chama-se socialismo toda doutrina que reivindique a ligação de todas as funções econômicas, ou de algumas delas, que são altamente difusas, aos centros diretores e conscientes da sociedade" (1993, p. 53). Durkheim diferenciava o socialismo do **comunismo** (de Platão, Morus e Campanella) que teria um objetivo diferente do primeiro, qual seja: isolar as atividades econômicas das atividades políticas através da completa eliminação da propriedade privada. Outra diferença importante entre estas duas doutrinas políticas é que no comunismo a produção era privada e o consumo coletivo. Já no socialismo, a produção é que seria coletiva e o consumo dar-se-ia de forma privada. Para Durkheim, enfim, o socialismo refletia a importância da vida industrial e econômica do mundo moderno bem como a centralidade do Estado na regulação da ordem industrial.

4.3. *A moral profissional e as corporações*

Ainda que tenha afirmado que a sociedade moderna, sustentada em laços sociais advindos da divisão do trabalho, possuía um fundamento moral (a interdependência e o culto do indivíduo), Durkheim também reconhecia o fato de que a complexidade e a diferenciação social exigiam novos tipos de valores sociais. Estes novos princípios deveriam estar adaptados ao caráter fragmentado e diverso das ocupações do mundo industrial. Se a fragmentação social tinha minado a força de uma consciência compartilhada, caberia apostar na própria diferença de funções para criar as normas morais ajustadas a cada atividade profissional.

Na obra **Lições de sociologia** (fruto de conferências proferidas por ele em 1890-900 e depois em 1904 e 1912), Durkheim entendia que a família e a religião eram instituições em crise, e o Estado era um organismo muito distante da vida do homem comum para lhes fornecer bases morais. Diante destas dificuldades, ele defendeu a importância de uma **moral profissional**. Cada atividade social e seu grupo correspondente deveriam ser os responsáveis pela elaboração das normas que regeriam suas atividades. Estas normas tinham a vantagem de estar adaptadas às condições sociais e às peculiaridades de cada atividade econômica correspondente. Para que isto fosse possível, era importante que as diversas atividades profissionais estivessem organizadas.

Diante desta necessidade, Durkheim defendeu a importância das **corporações** como os mecanismos mais aptos para fornecer uma regulação para cada atividade econômica. Inspirado na ideia e no papel que as antigas corporações de ofício da idade média exerceram no domínio moral, ele achava que os atuais sindicatos poderiam exercer a mesma função. Mas, para isso, eles deveriam deixar de ser organismos meramente privados e assumir uma função pública. Eles também deveriam abandonar o caráter de associações que se restringiam à defesa dos interesses antagônicos de trabalhadores e empregadores e unir estes dois grupos na mesma corporação, conforme suas atividades econômicas. Segundo explica Raymond Aron (1995, p. 318), Durkheim:

> Chama de corporações, de modo geral, as **organizações profissionais** que, reunindo empregadores e empregados, estariam suficientemente próximas do indivíduo para constituir escolas de disciplina, seriam suficientemente superiores a cada um para se beneficiar de prestígio e de autoridade. Além disso, as corporações responderiam ao caráter das sociedades modernas, em que predominava a atividade econômica [grifo nosso].

4.4. A moral social: Estado e Educação

Além da moral profissional, Durkheim também ressaltou a importância de uma moral cívica na configuração dos valores morais modernos. A **moral cívica** diz respeito ao conjunto de regras sancionadas que tratam da relação entre o indivíduo e o corpo político. Suas reflexões sobre o Estado e a Escola visavam situar estas instituições na elaboração, promoção e difusão deste novo conjunto de valores morais.

O **Estado** é uma instituição que surge apenas quando a complexificação da vida social atingiu determinado grau de diferenciação, levando à existência de diversos grupos sociais. A diferenciação entre um grupo social que exerce a autoridade sobre os demais grupos é que constitui a sociedade política. É no contexto das sociedades políticas que surge o Estado, como aquele conjunto dos agentes que executam a autoridade soberana. Durkheim também distinguia o Estado dos órgãos burocráticos e administrativos que apenas implementam as decisões estatais. O Estado se define como "um órgão especial encarregado de elaborar certas representações que valem para a coletividade" (2002, p. 71). Ele seria o "cérebro" do corpo social.

Rejeitando a concepção rousseauniana de democracia que via o Estado como mero reprodutor da vontade coletiva, Durkheim postulou que cabia ao Estado formular as representações coletivas que deveriam reger a vida social. Mas, isto não poderia ser feito sem a ligação do Estado com a sociedade. Neste contexto, a democracia foi concebida como um processo de comunicação entre a sociedade e as estruturas políticas. Para viabilizar esta ideia, Durkheim chegou a sugerir uma nova estrutura de representação política. Em seu modelo, o parlamento seria composto não apenas pelos cidadãos eleitos individualmente, mas também por delegados eleitos entre as corporações que representariam os diversos segmentos econômicos da sociedade.

Neste mesmo contexto, a **educação** sempre mereceu uma atenção central para o pensador francês que, por diversas vezes, lecionou disciplinas ligadas à área e dedicou vários livros ao tema (**Educação e sociologia**, **A educação moral**, **A evolução pedagógica da França**). Nestes estudos ele elaborou os fundamentos da sociologia da educação. No entanto, sua preocupação fundamental era de ordem política, pois Durkheim via na escola um dos mecanismos fundamentais pelo qual a sociedade deveria imprimir, nas novas gerações, uma moral racional, de caráter laico. De acordo com sua visão, os elementos fundamentais da moralidade são o espírito de disciplina, a adesão aos grupos sociais e a autonomia da vontade. São justamente estes os objetivos que Durkheim acreditava serem as tarefas fundamentais da educação pública.

Bibliografia

a) Obras e textos de Émile Durkheim

DURKHEIM, Émile. **A educação moral**. Petrópolis: Vozes, 2008.

______. **Ética e sociologia da moral**. São Paulo: Landy, 2006.

______. **Pragmatismo e sociologia**. Florianópolis: UFSC, 2004.

______. **As regras do método sociológico**. São Paulo: Martins Fontes, 2003.

______. **Lições de sociologia**. São Paulo: Martins Fontes, 2002.

______. **O suicídio**. São Paulo: Martins Fontes, 2000.

______. **O suicídio**. 6. ed. Lisboa: Presença, 1996.

______. **A evolução pedagógica**. São Paulo: Artmed, 1995.

______. **A divisão do trabalho social**. São Paulo: Martins Fontes, 1995.

______. **As formas elementares da vida religiosa**. São Paulo: Martins Fontes, 1995.

DURKHEIM, Émile. **As formas elementares da vida religiosa**. São Paulo: Paulinas, 1989.

______. **Educação e sociologia**. 11. ed. São Paulo: Melhoramentos, 1978.

______. **A ciência social e a ação**. São Paulo: Difel, 1975.

______. **As regras do método sociológico**. São Paulo: Cia. Editora Nacional, 1974.

______. **Textes**. 3 vols. Paris: De Minuit [Apresentação de Victor Karaky].

______. **Sociologia e filosofia**. 2. ed. Rio de Janeiro: Forense Universitária, 1970.

FRIDMAN, Luiz Carlos. **Émile Durkheim e Max Weber**: socialismo. Rio de Janeiro: Relumé-Dumará, 1993.

GIANOTTI, José Arthur (org.). **Durkheim**. São Paulo: Abril, 1978 [Coleção Os pensadores].

RODRIGUES, José Albertino. **Durkheim**. São Paulo: Ática, 1995 [Coleção Grandes Cientistas Sociais, n. 01].

b) Obras e textos sobre Émile Durkheim

ALEXANDER, Jeffrey & SMITH, Philip. **Cambridge companion to Durkheim**. Cambridge: University Press, 2005.

BAUDELOT, C. & ESTABLET, R. **Durkheim et le suicide**. Paris: PUF, 1984.

BELLAMY, Richard. França: liberalismo socializado. In: **Liberalismo e sociedade moderna**. São Paulo: Unesp, 1994, p. 107-186.

BESNARD, P.; BORLANDI, M. & VOGT, P. (orgs.). **Division du travail et lien social**: la these de Durkheim un siècle après. Paris: L'Harmattan, 1995.

COSER, Lewys. Durkheim's conservatism and its implications for his sociological theory. In: WOLFF, K.H. (org.). **Émile Durkheim (1858-1917)**. Columbus, 1970, p. 211-232.

CUIN, C.H. **Durkheim d'un siècle à l'outre**: lectures actuelles des régles de la méthode sociologique. Paris: PUF, 1997.

DUVIGNAU, Jean. **Durkheim**. Lisboa: Ed. 70, 1982.

FERNANDES, Florestan. O método de interpretação funcionalista na sociologia. In: **Os fundamentos empíricos da explicação sociológica**. Rio de Janeiro: Livros Técnicos e Científicos, 1978.

FILLOUX, Jean Claude. **Durkheim et le socialisme**. Genebra: Droz, 1977.

GIANNOTTI, José Arthur. A sociedade como técnica da razão: um ensaio sobre Durkheim. In: **Seleções Cebrap** – Exercícios de filosofia, n. 02, 1975, p. 43-84. São Paulo.

GIDDENS, Antony. Funcionalismo après la lutte. In: **Em defesa da sociologia**: ensaios, interpretações e tréplicas. São Paulo: Unesp, 2001, p. 115-160.

______. A sociologia política de Durkheim. In: **Política, sociologia e teoria social**: encontros com o pensamento social clássico e contemporâneo. São Paulo: Unesp, 1998, p. 103-146.

______. Durkheim e a questão do individualismo. In: **Política, sociologia e teoria social:** encontros com o pensamento social clássico e contemporâneo. São Paulo: Unesp, 1998, p. 146-168.

______. **As ideias de Durkheim**. São Paulo: Cultrix, 1981.

LACROIX, Bernard. **Durkheim et la politique**. Paris: PUF, 1981.

LOGUE, W. **From philosophy to sociology:** the evolution of french liberalism. Illinois: [s.e.], 1983.

LUKES, Steven. **Émile Durkheim:** his life and work. Londres: University Press, 1973.

MASSELA, Alexandre Braga. **O naturalismo metodológico de Émile Durkheim**. São Leopoldo: Humanitas, 2006.

MASSELA, Alexandre et al. Durkheim 150 anos. São Paulo: Argumentum, 2010.

NISBERT, Robert. Conservatism and sociology. In: **American Journal of Sociology**, 58, 1952, p. 165-175.

ORTIZ, Renato. Durkheim: arquiteto e herói fundador. In: **Revista Brasileira de Ciências Sociais**, n. 11, vol. 4, 1989, p. 05-33.

RICHTER, M. Durkheim's politics and politic theory. In: WOLFF, K.H. (org.). **Émile Durkheim (1858-1917)**. Columbus, 1970, p. 170-210.

SANCHIS, Pierre. A contribuição de Émile Durkheim. In: TEIXEIRA, Faustino (org.). **Sociologia da religião**: enfoques teóricos. Petrópolis: Vozes, 2003, p. 36-66.

STEINER, Philippe. **La sociologie de Durkheim**. Paris: La Découverte, 1994.

WEISS, Raquel & OLIVEIRA, Márcio (orgs). **David Émile Durkheim**: a atualidade de um clássico. Curitiba: UFPR, 2011.

Capítulo IV
Max Weber

A produção sociológica de Weber abarca as mais diferentes áreas da convivência social. Sua obra contempla assuntos tão variados como a economia, o direito, a religião, a política, a música, a cidade, a ciência, a bolsa de valores, as relações agrárias e as condições psicofísicas do trabalho. Além de uma vasta gama de fenômenos empíricos, ele discutiu ainda as bases epistemológicas e metodológicas das ciências humanas, proporcionando-lhes novos instrumentos para a compreensão de seus fundamentos teóricos. Buscando compreender o mundo moderno a partir de um abrangente estudo das religiões mundiais, Weber entendia que a marca fundamental da modernidade era a emergência de uma forma específica de racionalismo: o racionalismo da dominação do mundo. Para ele, a cultura ocidental que se encarna em instituições como o mercado capitalista, a burocracia estatal, o direito e a ciência, é resultado de um amplo processo de racionalização que, por um lado, aumenta a eficiência e produtividade, mas, ao mesmo tempo, carrega a possibilidade da perda da liberdade e do sentido da vida.

1. Vida e obras

Maximiliam Carl Emil Weber nasceu em Erfurt, em 21 de abril de 1864. Filho de um advogado e deputado do parlamento alemão, ele realizou seus *estudos* em Heidelberg (a partir de 1882) e depois em Berlim. Embora tivesse seguido a carreira jurídica, também estudava filosofia, teologia, história e economia. Em 1889 terminou seus estudos superiores, tendo obtido o doutorado em direito no ano de 1891. Aos 29 anos (1893) ele se casou com Marianne Schnigter, que escreveu sobre seu marido uma importante biografia para o entendimento de sua evolução teórica. Sua relação pessoal com Mina Tobler e Else Jaffé também teria, segundo alguns analistas, influenciado em alguns elementos de sua obra.

Terminada a fase de estudos, Weber passa a se dedicar à *docência* universitária. Foi professor de direito em Berlim (1891-1893) e de economia política em Freiburg (1895) e Heidelberg (1896).

No ano de 1897, Weber foi acometido de uma crise que durou até 1902. Somente neste ano ele vai retomando, aos poucos, seu trabalho intelectual, mas ele permanece afastado da vida universitária. Em 1903 ajuda a fundar o "Arquivo para a ciência social e a ciência política" que se tornou uma das principais revistas de ciências sociais. Em 1904, Weber fará uma *viagem* de estudos para os Estados Unidos que vai influenciar diretamente sua reflexão sobre o capitalismo.

Sua casa torna-se um centro frequentado por intelectuais de renome, como Georg Lukács (1885-1971), Georg Simmel (1858-1918) e outros. Em 1908, Weber ajuda a fundar a "Sociedade Alemã de Sociologia. Durante a primeira guerra mundial (1914-1917) administra alguns hospitais da região de Heidelberg. Em 1918, aceita uma cátedra na Universidade de Viena, transferindo-se para Munique no ano seguinte. Weber ainda participa da redação da nova Constituição Germânica que funda a República da Alemanha (chamada de Constituição de Weimar, cidade onde foi redigida). Seu falecimento ocorreu no ano de 1920, na cidade de Munique.

Entre os **escritos** de Max Weber, além de textos sociológicos, aparecem obras de epistemologia, história, direito, política e economia:

- 1889 – *A história das companhias comerciais na idade média*
- 1891 – *A história agrária de Roma e sua significação para o direito público e privado*
- 1894 – *As tendências da evolução da situação dos trabalhadores rurais da Alemanha Oriental* (pesquisa)
- 1895 – *O Estado nacional e a política econômica*
- 1904 – *A ética protestante e o espírito do capitalismo* (1ª parte)
  – *A objetividade do conhecimento nas ciências políticas e sociais*
- 1905 – *A ética protestante e o espírito do capitalismo* (2ª parte)
- 1906 – *Estudos críticos para servir a lógica das ciências da cultura*
  – *A situação da democracia burguesa na Rússia*
  – *A transição da Rússia a um regime pseudoconstitucional*
  – *As seitas protestantes e o espírito do capitalismo*
- 1909 – *As relações agrárias na Antiguidade*
  Começa a redigir *Economia e sociedade* (parte antiga)
- 1913 – *Sobre algumas categorias da sociologia compreensiva*
- 1915-1917 – *A ética econômica das religiões mundiais* (Série de artigos)
- 1917 – *Ciência como vocação*
  – *A transição da Rússia à pseudodemocracia*
- 1918 – *Crítica positiva da concepção materialista da história*
  – *O sentido da neutralidade axiológica nas ciências políticas e sociais*
- 1919 – *Política como vocação*
  – *História econômica geral* (Lições)
  – Continua a escrever *Economia e sociedade* (parte nova)

• 1920 – *Ensaios reunidos de sociologia da religião*

• 1922 – Publicação póstuma de *Economia e sociedade* (dividida em duas partes), uma das principais e mais conhecidas obras de Max Weber.

• 1925 – Publicação póstuma de *Fundamentos sociológicos e racionais da música*.

Entre as correntes teóricas que mais influenciaram o pensamento de Max Weber, podemos citar:

a) **Pensamento filosófico**: a filosofia de Immanuel Kant (1724-1804) que afirma que o sujeito possui um peso preponderante no conhecimento da realidade a partir de categorias *a priori* que são inerentes ao intelecto, e as ideias de Friedrich Nietzsche (1844-1900), um dos principais críticos do racionalismo ocidental, estão presentes em seu pensamento. De Nietzsche, Weber teria herdado uma visão pessimista da sociedade moderna. Mas, é especialmente a filosofia neokantiana (Escola de Baden), cujos maiores expoentes foram os filósofos Wilhelm Dilthey (1833-1991), Wilhelm Windelband (1848-1915) e Heinrich Rickert (1863-1936) que influirá diretamente nas discussões epistemológicas de Weber.

b) **Pensamento econômico**: como professor de economia, Weber conhecia e dialogou com as principais correntes econômicas de seu tempo, como a "escola histórica de economia" representada por Wilhelm Roscher (1817-1894), Karl Knies (1821-1898) e Gustav Schmoller (1838-1917) ou a "escola marginalista", particularmente as ideias de Carl Menger (1840-1920).

c) **Pensamento social**: como um dos fundadores da "Associação Alemã de Sociologia", as teses de Weber a respeito da economia e da sociedade moderna estão relacionadas com os principais pioneiros do pensamento sociológico alemão, principalmente Ferdinand Tönnies (1855-1911), Georg Simmel (1858-1918), Werner Sombart (1863-1941) e Max Scheler (1874-1928).

Dono de uma invejável erudição, ele também bebe de muitas outras fontes intelectuais, como a teologia (Harnack, Troeltsch, Ritschl), o direito (Georg Jellineck), a história (Historicismo alemão) e até mesmo a ciência das religiões (Robert Marett), apenas para citar algumas delas. O desenvolvimento da obra e do pensamento de Weber pode ser dividido em três fases. Antes de sua crise pessoal (1897-1902) seu campo de estudo e pesquisa eram basicamente o direito, a história e particularmente a economia. Entre 1904 e 1909 seus interesses se expandem enormemente, incluindo questões epistemológicas e sociais, com forte ênfase no tema do "capitalismo". A partir de 1910 o enfoque sociológico vai se tornar predominante e o tema da "racionalização" será o eixo de sua teoria da modernidade. Por isso é que podemos dizer que Weber, jurista de formação e economista por profissão, foi se tornando, paulatinamente, um sociólogo por confissão.

2. Teoria sociológica

Ao contrário de Comte e Durkheim que construíram suas teorias sociológicas com base no primado do objeto, Weber vai orientar toda sua produção sociológica com base no primado do sujeito. A ideia de que o indivíduo é o elemento fundante na explicação da realidade social atravessa a produção epistemológica e metodológica do autor, operando uma verdadeira revolução nas ciências sociais. Deste modo, Weber inaugurou na sociologia um novo caminho de interpretação da realidade social: a teoria sociológica compreensiva.

2.1. Epistemologia

Ao longo de sua carreira, Weber sempre acompanhou e participou dos debates filosóficos que discutiam o estatuto científico das ciências humanas. Inserindo-se nesta discussão, ele produziu uma reflexão epistemológica diretamente vinculada aos problemas da pesquisa e da necessidade de fundamentação lógica da sociologia. Suas publicações a esse respeito foram depois agrupadas por Marianne Weber e receberam o nome de "teoria da ciência" [*Wissenschaftslehre*].

a) A especificidade das ciências sociais

A reflexão epistemológica de Weber é resultado de sua participação na acirrada discussão sobre o método (*Methodenstreit*) que envolveu nomes como o economista Carl Menger, partidário de uma visão da ciência econômica abstrata; contra Gustav Schmoller, partidário da escola histórica alemã. Estas escolas adotavam a teoria subjetiva do valor, mas tinha visões adversárias sobre o estatuto científico da economia como ciência:

	Valor é objetivo (Teoria do valor trabalho)	*Valor é subjetivo* (Teoria da utilidade marginal)
Método Histórico	Marxismo	Escola Histórica (Schmoller)
Método Abstrato	Escola clássica (Adam Smith, Ricardo)	Escola Marginalista (Menger)

Será para resolver a contradição entre estas "duas economias" que Weber inicia seu mergulho nas discussões filosóficas de seu tempo. Distanciando-se da visão positivista da ciência (que não reconhecia a especificidade das ciências sociais), mas também sem aceitar totalmente a separação radical que os filósofos inspirados em Kant realizavam entre as "Naturwissenschaften" (ciências da natureza) e as "Geisteswissenschaften" (ciências do espírito ou ciências humanas e sociais) ele procurou restabelecer a unidade das ciências sociais e culturais, superando o abismo entre a escola marginalista (matriz positivista) e a escola histórica (matriz historicista).

A principal preocupação dos filósofos neokantianos era combater o pressuposto de que as ciências da natureza e as ciências sociais não possuíam qualquer diferença de princípio. Weber também partilhava desta posição. No texto **A objetividade do conhecimento nas ciências sociais**, ele mesmo afirma que: "de tudo o que até aqui se disse resulta que carece de razão de ser um estudo 'objetivo' dos acontecimentos culturais, no sentido em que o fim ideal do trabalho científico deveria consistir numa redução da realidade empírica a certas leis" (WEBER, 1991, p. 96). Esta passagem contém um ataque frontal contra um dos pressupostos essenciais do positivismo: a ideia de que toda a realidade social pode ser explicada mediante a descoberta de um sistema de "leis" inerentes ao funcionamento da sociedade. Era esta premissa que justificava a identidade entre ciências sociais e as ciências da natureza, promovida pelo positivismo.

Dentre os filósofos que contestavam a posição positivista, Wilhelm **Dilthey** afirmava que a diferença entre as ciências do espírito e as ciências da natureza residia no fato de que os seus *objetos de estudo* são distintos (distinção ontológica). Enquanto as ciências naturais têm como objeto a natureza, as ciências sociais estudam a experiência vivida (*Erlebnis*) e o mundo social como criação do espírito humano. Tal diferença, por sua vez, implica no fato de que em cada um destes tipos de ciência existe uma maneira diferente de relacionar o sujeito com o objeto. Enquanto nas ciências da natureza o objeto de estudo é algo exterior ao homem, nas ciências sociais o homem é o sujeito e o objeto ao mesmo tempo. Por isso, concluía Dilthey, as ciências naturais fazem uso do princípio da "explicação" (*Erklären*), enquanto as ciências sociais se articulam em torno do princípio da "compreensão" (*Verstehen*). Enquanto a explicação consiste na busca das leis causais, a compreensão implica um mergulho no espírito dos agentes históricos em busca do sentido de sua ação. Resumindo, poderíamos esquematizar o pensamento de Dilthey da seguinte forma:

DILTHEY	OBJETO	MÉTODO
Ciências da natureza	Natureza	Explicação (*Erklären*)
Ciências sociais	Sociedade (homem)	Compreensão (*Verstehen*)

Dilthey teve o grande mérito de ter iniciado esta rica discussão, mas Weber, de fato, não aceitava esta diferenciação ontológica. Sua posição era semelhante a de Wilhelm **Windelband** para quem a diferença entre as ciências naturais e as ciências sociais não estava no objeto de estudo, mas no *método* (distinção epistemológica). Por isso, ele distinguia dois tipos de ciências: as que adotam o "método generalizante" (ou nomotético) e aquelas que adotam o "método idealizante" (ou ideográfico). Enquanto o método nomotético está orientado para a construção de leis gerais, o método ideográfico visa destacar a individualidade e a singularidade de um determinado fenômeno. Esquematicamente, temos:

WINDELBAND	MÉTODO	OBJETIVO
Ciências da natureza	Método generalizante	Leis gerais
Ciências sociais	Método idealizante	Singularidade dos fenômenos

Também para Heinrich **Rickert**, a distinção entre ciências naturais e ciências sociais residia no método. As ciências sociais são ciências nas quais existe uma "relação com os valores" [*Wertbeziehung*], fato que não ocorre nas ciências da natureza. Ou seja, nas ciências da cultura (como as chama Rickert), os objetos são selecionados conforme os valores culturais inerentes ao mundo social. Esta ideia será retomada e adaptada por Weber, que afirma: "o conhecimento científico cultural tal como o entendemos encontra-se preso, portanto, a premissas 'subjetivas' pelo fato de apenas se ocupar daqueles elementos da realidade que apresentem alguma relação, por muito indireta que seja, com os acontecimentos a que conferimos uma significação cultural" (1991, p. 98).

Diante destas múltiplas elaborações, Weber ocupa uma posição intermediária e própria, integrando e ao mesmo tempo superando a contribuição das duas escolas. Da posição da escola histórica (em particular de Rickert) e dos filósofos historicistas, Weber aceita o postulado de que as ciências sociais são essencialmente hermenêuticas e marcadas pela "relação com as ideias de valor" [Wertbeziehung]. Nas palavras do próprio Weber (1991, p. 92):

> [...] existe *um* ponto decisivo [...] com o que somos conduzidos à **peculiaridade decisiva** do método nas ciências da cultura; ou seja, nas disciplinas que aspiram a conhecer os fenômenos da vida segundo a sua *significação cultural*. A *significação* da configuração de um fenômeno cultural e a causa dessa significação não podem, contudo, deduzir-se de qualquer sistema de conceitos de leis [...] dado que pressupõe a relação dos fenômenos culturais com *ideias de valor* [itálicos do original. Negritos meus].

Porém, mesmo reconhecendo que a dimensão significativa e valorativa (ou hermenêutica) é o que define as ciências sociais, Weber não concordava com a tese de que estas estavam circunscritas ao método idealizante. Segundo ele, a ideia de causalidade e os procedimentos explicativos (método generalizante), que são centrais nas ciências naturais, também são um recurso essencial para o entendimento dos fenômenos sociais. Weber também deu enorme atenção ao tema e ao papel da relação causa e efeito nas ciências sociais e defendeu a tese da "possibilidade objetiva" e da "causação adequada".

Para Weber, o sociólogo deve saber integrar estes dois métodos (individualizante/compreensivo e generalizante/explicativo) nas suas pesquisas. Pelo método individualizante (também hermenêutico ou interpretativo), o cientista social seleciona os dados da realidade que deseja pesquisar, destacando a singularidade e os traços que definem seu objeto. Em relação ao capitalismo moderno, por exemplo, Weber procurou distinguir os elementos que definem seu "espírito" e o diferenciam de outras formas de comportamento econômico. Trata-se do uso do método individualizante, que procura dirigir sua atenção para os caracteres qualitativos e singulares da realidade. Mas, ao pesquisar a origem deste espírito, Weber vai utilizar do método generalizante o princípio da causalidade (método explicativo ou naturalista) que busca estabelecer relações entre os fenômenos, evidenciando que determinados eventos podem ser explicados a partir de determinadas causas que geram este mesmo fenômeno (causa eficiente). Nas pesquisas sobre o capitalismo racional moderno, voltando ao exemplo, Weber se pergunta de que forma as ideias e o modo de vida dos protestantes (moral protestante) podem ser relacionadas com a origem das formas de conduta capitalista. Em síntese, a concepção de ciência social de Weber pode ser ilustrada como abaixo:

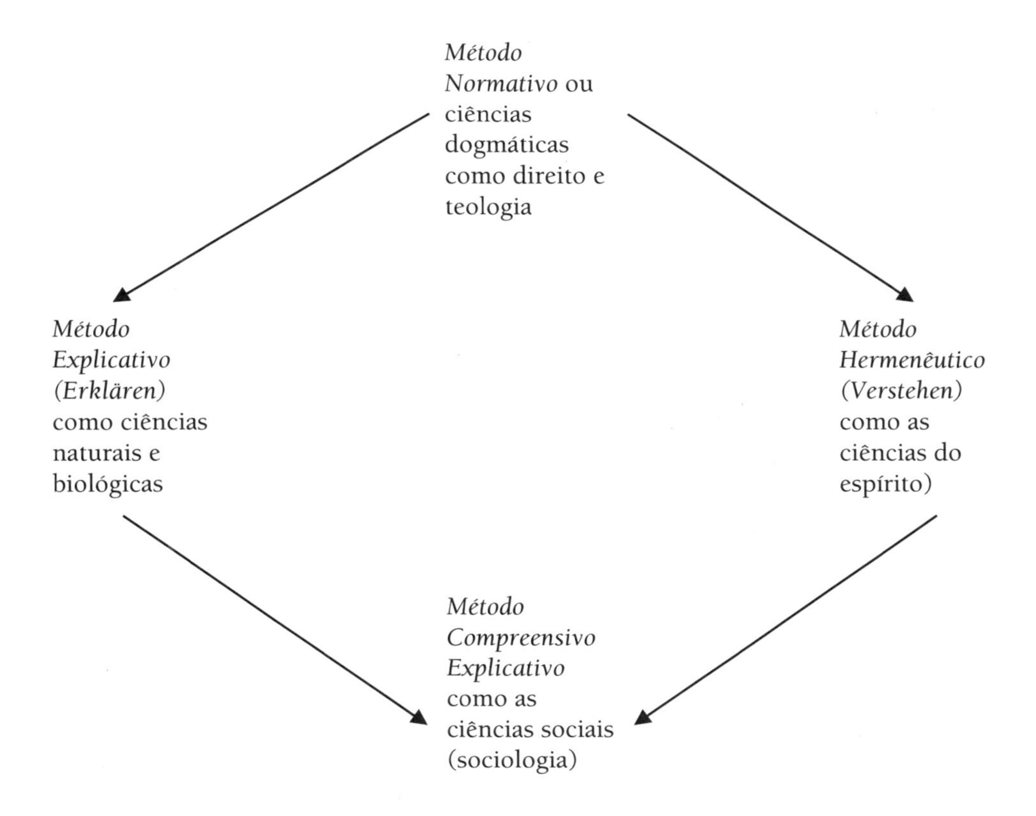

b) Tipos ideais

Depois de refletir sobre os fundamentos lógicos das ciências sociais, Weber (1991, p. 100) se preocupa também em esclarecer "qual é a função lógica e a estrutura dos **conceitos** com os quais trabalha a nossa ciência, à semelhança de qualquer outra". É neste contexto que ele desenvolve sua teoria dos "tipos ideais" enquanto instrumento de pesquisa privilegiado do saber sociológico. Observando atentamente a noção de tipo ideal, veremos que ela representa, no campo lógico, uma síntese dos métodos individualizante (ou compreensivo) e generalizante (ou explicativo) consideradas por Weber as bases do pensamento social.

No plano da teoria do conhecimento tradicional e, principalmente, no plano da lógica aristotélica, prevalece o entendimento de que os conceitos são formados pelo processo de abstração. Partindo da própria realidade, o investigador procura captar os elementos comuns aos entes do mundo e, eliminando os aspectos particulares, determinar aquilo que é geral, ou seja, está presente no conjunto dos fenômenos. Nessa visão, os conceitos lógicos possuem um fundamento objetivo, pois eles provêm da própria realidade pesquisada. Precisamente por isso, eles também são capazes de expressar a própria essência ou estrutura do mundo. Weber também discordava da posição hegeliana que não admitia a separação entre sujeito e objeto ou entre pensamento (conceito) e realidade ("todo racional é real e todo real é racional") considerada por ele como "emanatista". Tendo como horizonte a visão kantiana do conhecimento (e tomando como base a classificação proposta por Emil Lask), Weber discordava tanto da visão aristotélica quanto da visão hegeliana. De acordo com ele, os conceitos são construídos a partir do sujeito, e não do próprio objeto de estudo. Além disso, eles não expressam o conteúdo da realidade tal como ela é em sua essência própria. Os conceitos típico-ideais são apenas um meio que o pesquisador possui para organizar a realidade de forma lógica, no plano do pensamento, sem a pretensão de traduzir exatamente a estrutura do mundo. A definição dada por Weber ao tipo ideal é a seguinte:

> Obtém-se um tipo ideal mediante a acentuação unilateral de um ou vários pontos de vista, e mediante o encadeamento de grande quantidade de fenômenos isolados dados, difusos e discretos, que se podem dar em maior ou menor número ou mesmo faltar por completo, e que se ordenam segundo pontos de vista unilateralmente acentuados, a fim de se formar um quadro homogêneo de pensamento (WEBER, 1991, p. 106).

O primeiro aspecto a observar é que o tipo ideal é sempre uma construção mental elaborada pelo sujeito. É por isso que "acentua", de forma "unilateral", qual aspecto da realidade ele quer investigar. Essa seleção é feita sempre pelo pesquisador, tendo em vista seus interesses e os problemas que ele quer aprofundar. Seu ponto de partida, portanto, não é o objeto ou a própria realidade, mas o próprio sujeito e suas preocupações. Este aspecto subjetivo do tipo ideal está diretamente vinculado ao aspecto individualizante das ciências sociais. Isolar um aspecto da realidade que se quer pesquisar é, como sabemos, dar um conteúdo singular e específico ao mundo social, buscando seus aspectos qualitativos e individuais, exatamente como preconizam os procedimentos da metodologia compreensiva.

Em segundo lugar, o aspecto subjetivo destes conceitos, elaborados pelo pesquisador, nos levam a concluir que os tipos ideais não reproduzem ou refletem a realidade tal como ela é em si mesma. É por isso que os "tipos" (ou seja, os conceitos), são "ideais", quer dizer, uma utopia, uma idealização, uma normatização da realidade e não a sua tradução objetiva ou mesmo uma cópia da essência dos fenômenos. Os tipos ideais nos ajudam a dar uma forma lógica à realidade, que está sempre para além da compreensão de todo intelecto humano. Por isso, os tipos ideais são sempre construções teóricas "puras" e o pesquisador deve ter consciência de que, no mundo objetivo, os elementos não se acham ligados uns aos outros e é apenas o intelecto que nos permite formar uma visão idealizada do mundo real.

Isto não quer dizer, contudo, que os tipos ideais são uma construção arbitrária, totalmente subjetiva e pessoal. Pelo contrário, os tipos ideais são uma maneira de o pesquisador aproximar-se da realidade, tentando pensá-la de forma objetiva, visando, como diz Weber, "formar um quadro homogêneo de pensamento". É neste elemento que o tipo ideal possui um componente explicativo ou generalizante. Para Weber, o pesquisador deve sempre comparar o mundo objetivo com seus conceitos, verificando se eles se aproximam ou se distanciam do tipo ideal. A construção de tipos ideais tem como finalidade compreender a realidade. Eles são hipóteses de pesquisa que visam dar ao cientista elementos para pensar como poderia ser o curso das ações e acontecimentos em relação ao tipo formulado. Comparar o desenvolvimento dos fatos com as noções típico-ideais implica, portanto, em adotar um procedimento causal, quantitativo e objetivo, tal como apregoado pelo método explicativo ou generalizante.

Para compreender esta complexa discussão, podemos recorrer a exemplos do próprio Weber. Veremos, posteriormente, que Max Weber distinguia quatro tipos de ação social: ação racional com relação a fins, ação racional com relação a valores, ação afetiva e ação tradicional. Desta forma sabemos, desde já, que estes conceitos são "tipos ideais", ou seja, são construções mentais que não se acham de forma pura na realidade. No comportamento real dos agentes sociais, estas formas de ação podem aparecer juntas. O que permite ao sociólogo dizer que se trata desta ou daquela forma de ação é um recorte da mesma, acentuando um dos aspectos que caracterizam o comportamento do agente. É por isso que estes conceitos são chamados por Weber de "ideais". É através deles, por sua vez, que podemos compreender a realidade pesquisada, verificando em que medida, em cada caso concreto, o comportamento dos atores sociais se aproxima ou se distancia deste tipo ideal. Além destes conceitos, termos como "espírito do capitalismo", "ética protestante", "feudalismo", "burocracia", "Estado" e muitos outros, aparecem em Weber sempre entendidos como tipos ideais, cuja função é permitir às suas pesquisas clareza conceitual quanto aos objetos estudados, a compreensão dos traços típicos que permitem entendê-los e, por fim, a construção de hipóteses que nos possibilitem medir as diferenças e proximidades entre a elaboração conceitual e a realidade pesquisada.

2.2. *Metodologia*

A construção de uma sociologia sistemática que envolve o esclarecimento dos conceitos, categorias, termos e definições com os quais lida a sociologia é uma das principais intenções da teoria metodológica weberiana. No primeiro capítulo de sua obra **Economia e sociedade**, Weber procura delinear o objeto de estudo, os métodos e os procedimentos que deveriam orientar a ciência sociológica na busca da explicação (causal) e da compreensão (significativa) dos fenômenos sociais e culturais.

a) Individualismo metodológico

Se Max Weber já tinha uma posição epistemológica diferente do positivismo no que tange à relação entre ciências sociais e naturais, o mesmo vai se dar na questão da relação entre indivíduo e sociedade. Para o pensamento weberiano, o ponto de partida da explicação sociológica reside no indivíduo:

> A sociologia interpretativa considera o indivíduo e seu ato como a unidade básica, como seu "átomo" – se nos permitirem pelo menos uma vez a comparação discutível. Nessa abordagem, o indivíduo é também o limite superior e o único portador de conduta significativa [...]. Em geral, para a sociologia, conceitos como "Estado", "associação", "feudalismo" e outros semelhantes designam certas categorias de interação humana. Daí ser tarefa da sociologia reduzir esses conceitos à ação compreensível, isto é, sem exceção, aos atos dos indivíduos participantes (WEBER, 1982, p. 74).

Assim, se para Durkheim a sociedade é o fundamento lógico da sociologia; para Weber este fundamento reside no indivíduo. Essa afirmação vai muito além do fato de que uma sociedade não existe sem as pessoas. A constituição da vida social somente se realiza pela ação e interação recíprocas entre os agentes sociais. Então, quer dizer que estruturas coletivas como a família, o grupo, o Estado, o capitalismo e outros, não existem? Não se trata exatamente deste argumento. Conforme explica Cohn (1991, p. 26), o que Weber quer dizer é que, de fato:

> O objeto de análise sociológica não pode ser definido como a sociedade, ou o grupo social, ou mediante qualquer outro conceito de referência coletiva. No entanto, é claro que a sociologia trata de fenômenos coletivos, cuja existência não ocorreria a Weber negar. O que ele sustenta

> é que o **ponto de partida** da análise sociológica só pode ser dado pela ação de indivíduos e que ela é "individualista" **quanto ao método**.

Em Weber, a possibilidade de entender a vida social e suas instituições passa pela análise do comportamento dos indivíduos. Tudo o que existe no âmbito social, seus grupos, instituições e ações são expressões e objetivações da atividade dos homens que lhes dá seu sentido e seu significado. É por esta razão que o indivíduo é o fundamento da explicação sociológica.

b) Sociologia: objeto de estudo e método e análise

Weber apresentou uma primeira formulação de sua teoria sociológica em um texto de 1913, chamado de "*Sobre algumas categorias da sociologia compreensiva*". Mais tarde, este texto foi reformulado e ampliado, dando origem ao primeiro capítulo de **Economia e sociedade**, na qual encontramos a seguinte definição de sociologia:

> **Sociologia** significa uma ciência que pretende compreender interpretativamente a ação social e assim explicá-la em seu curso e seus efeitos (WEBER, 1994, p. 03).

Podemos traduzir esta definição na forma do seguinte quadro:

SOCIOLOGIA	MÉTODO	OBJETO MATERIAL
	Compreender (*Verstehen*)	Ação Social
	Explicar (*Erklären*)	

Weber diz ainda que cabe a sociologia analisar tanto o "curso" quanto os "efeitos" das ações sociais. Isso significa que a análise sociológica toma como ponto de partida a ação social (analisando suas características), mas também que ela vai além dela e contempla seus "efeitos", ou seja, como a partir dela nascem diferentes tipos de organizações e estruturas sociais:

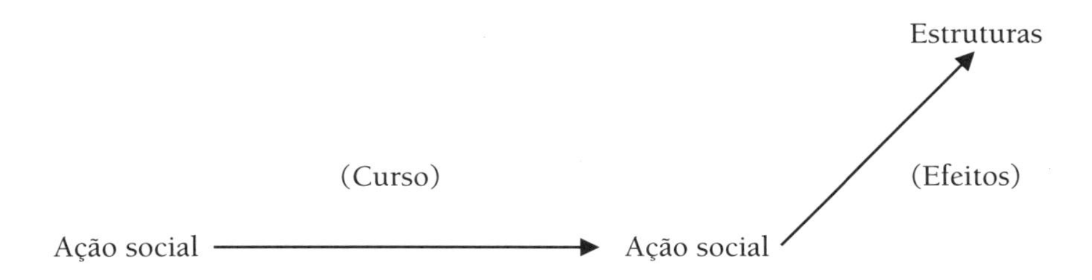

Nestas poucas linhas, Weber não só definiu o que é a sociologia, como também apontou seu objeto de estudo e ainda seu método de análise. Ele não apenas retoma o pressuposto de que o indivíduo é o fundamento da explicação sociológica (por isso a sociologia ocupa-se da ação social), como também a ideia de que a análise da ação social requer a conjugação de procedimentos explicativos (causais) e compreensivos (hermenêuticos). É desta forma que esta ciência pode explicar de que forma as ações sociais se desenrolam (curso) e quais seus efeitos na vida social. Mas, se o **objeto de estudo** da sociologia é a ação social, o que devemos entender por este conceito? Segundo a definição weberiana, temos que:

> a) **Ação**: é um comportamento [...] sempre que e na medida em que o agente ou os agentes o relacionem com um sentido subjetivo.
>
> b) **Ação social**: significa uma ação que, quanto a seu sentido visado pelo agente ou pelos agentes, se refere ao comportamento de outros, orientando-se por este em seu curso (WEBER, 1994, p. 03).

É na ação dos indivíduos, quando orientada em relação a outros indivíduos (portanto, quando ela é social), que a sociologia tem o seu ponto de partida lógico e, como consequência, seu objeto de estudo. É sempre a partir do sujeito que Weber pretende fundar a explicação dos fenômenos sociais.

No entanto, de que forma o sociólogo deve empreender a tarefa de explicar as ações dos indivíduos em suas relações recíprocas? Qual o **método** de estudo pelo qual a sociologia aborda as ações sociais? Segundo Weber, a tarefa da pesquisa sociológica consiste em determinar qual o "sentido" ou "significado" da ação. Conforme explica Cohn (1991, p. 27), "interessa, enfim, aquele sentido que se manifesta em ações concretas e que envolve um **motivo** sustentado pelo agente como fundamento de sua ação". O fundamento para explicar a ação social, portanto, é o seu motivo. Para a sociologia, importa recuperar a razão e a finalidade que os próprios indivíduos conferem às suas atividades – bem como às suas relações com os demais indivíduos. São estas razões que explicam o motivo e a própria existência das ações sociais. É por isso que a teoria sociológica de Weber é chamada de "metodologia compreensiva": seu objetivo é compreender (*Verstehen*) o significado da ação social e, desta forma, mostrar o que move (causa) estas mesmas ações. Neste sentido, poderíamos chamar seu método de "compreensivo-explicativo", pois ambos os procedimentos nunca podem estar desconectados.

O tema da "compreensão" (*Verstehen*) do sentido da ação já era, naquela época, uma das questões mais complexas do pensamento social: será que podemos captar, realmente, as intenções, objetivos e até sentimentos de outra pessoa? Como ter acesso ao mundo subjetivo de outras consciências para explicar como os indivíduos agem? Como chegar até o sentido subjetivamente visado da ação social? Buscando elucidar este difícil problema, Weber distinguiu diferentes formas de compreensão utilizando, até, alguns exemplos. A compreensão pode ser de tipo psicológico (intuituivo ou irracional) ou de tipo intelectual (racional) e, neste caso, subdivide-se em:

- *Compreensão atual*: entendo perfeitamente quando alguém está usando o machado para cortar lenha ou quando alguém aponta um fuzil para um animal.

• *Compreensão explicativa*: implica colocar a ação no seu contexto mais amplo, considerando uma cadeia mais ampla de ações. Alguém pode cortar lenha para aquecer sua casa ou para vendê-la e obter lucro. Da mesma forma pode utilizar o fuzil para matar sua fome ou porque está obedecendo a uma ordem. É justamente esta segunda forma de compreensão que interessa para a sociologia. Neste caso é preciso estabelecer uma conexão de sentido.

Para explicar e compreender a infinita variedade da conduta humana, Weber recorre ao seu método tipológico, procurando entender os comportamentos sociais de acordo com critérios diferenciadores. Como resultado, ele apresenta sua teoria dos **tipos de ação**. A intenção de Weber é justamente apontar quais seriam os sentidos (ou motivos) básicos ou puros de ação social:

1) **Ação social referente a fins:** a ação é determinada por expectativas quanto ao comportamento de objetos do mundo exterior e de outras pessoas. Estas expectativas funcionam como "condições" ou "meios" para alcançar fins próprios, ponderados e perseguidos racionalmente, como sucesso. Neste tipo de ação, o indivíduo determina racionalmente os objetivos da ação, calcula os meios mais adequados para persegui-los e pondera os efeitos de suas escolhas. O móvel essencial da ação, neste caso, são os fins utilitários do indivíduo.

2) **Ação social referente a valores:** a ação é determinada pela crença consciente no valor – ético, estético, religioso ou qualquer que seja sua interpretação – absoluto e inerente a determinado comportamento como tal, independente do resultado. O motivo da ação, neste caso, não é um interesse, mas um valor, indiferente aos resultados positivos ou negativos que ela possa ter. Neste caso, o indivíduo formula os objetivos da ação com base em suas convicções e escolhe os meios para realizar seus valores, sem considerar os efeitos e consequências que eles possam ter.

3) **Ação social afetiva:** a ação é determinada de modo afetivo, especialmente emocional: por afetos ou estados emocionais atuais. Ela envolve sempre a satisfação imediata de um impulso, como a vingança, gratificação sensual, dedicação a uma pessoa ou ideal, contemplação feliz, etc.

4) **Ação social tradicional**: a ação é determinada pelo costume arraigado. Trata-se da maior parte de nossas ações cotidianas habituais, de nossos deveres, executadas quase de modo irrefletido. Essa ação está no limite de uma conduta orientada por um sentido e está muito próxima dos comportamentos reativos (que não possuem um sentido).

É interessante perceber que os quatro tipos de ação são concebidos a partir de uma escala formal de racionalidade e irracionalidade. Desta forma, quanto mais a ação se desenrola conforme o primeiro modelo, maior o seu grau de racionalidade. Com isto, Weber não afirmava que as ações racionais são predominantes na condução de vida. Trata-se apenas, diz ele, de um recurso metodológico (típico-ideal) que nos possibilita entender a variedade das condutas humanas a partir de sua coerência racional.

Estabelecida a unidade básica da análise sociológica, a **ação social** e os seus tipos básicos, Weber vai mostrar como, passando pelas relações sociais, podemos compreender os elementos coletivos da vida social, como os grupos e organizações sociais. Acompanhemos seu raciocínio.

Quando diversos agentes sociais organizam a sua ação com base na expectativa que fazem quanto ao sentido das ação de outros temos o que Weber (1991, p. 16) chama de **relação social**: "Por 'relação social' entendemos o comportamento reciprocamente referido quanto a seu conteúdo de sentido por uma pluralidade de agentes e que se orienta por essa referência". A relação social ocorre quando o sentido da ação social é mutuamente referido, como é o caso da amizade, da luta, piedade, troca no mercado, cumprimento ou violação de acordos, etc. A questão essencial aqui não é o fato de que os atores compartilham um sentido idêntico para suas ações. O que ocorre é que cada agente social orienta o sentido da sua conduta levando em consideração o sentido da ação de outros atores sociais. Estas relações sociais podem ser efêmeras e transitórias, mas também podem adquirir um aspecto regular e permanente. Para Weber, as relações sociais regulares são um dos objetos essenciais da análise sociológica e ele descreve as diferenças entre as relações comunitária e societária, de solidariedade ou de luta ou mesmo as relações de poder, dominação e disciplina, entre outras.

Após o exame das relações sociais, Weber explica a origem da **Ordem Legítima**, ou seja, das **estruturas sociais**. Esferas sociais autônomas como a ordem econômica, política, religiosa, científica e outras são assim definidas: "ao conteúdo de sentido de uma relação social chamamos ordem, somente nos casos em que ação se orienta (em média e aproximadamente) por máximas indicáveis". Weber acrescenta, ainda, que uma ordem só é considerada vigente quando "a orientação efetiva por aquelas máximas sucede, *também*, entre outros motivos, porque estas são consideradas vigentes *com respeito* a ação, seja como obrigações, seja como modelos de comportamento". Portanto, ordens ou estruturas sociais são concebidas por Weber como máximas que orientam a ação, seja como "obrigações", seja como "modelos de comportamento".

Ao final, Weber desenvolve ainda o esboço de uma "sociologia das organizações (associações)". De acordo com ele, chama-se "associação uma relação social fechada para fora ou cujo regulamento limita a participação quando a observação de sua ordem está garantida pelo comportamento de determinadas pessoas". Isso quer dizer que o elemento que define a existência de uma organização é a figura do dirigente e, eventualmente, de um quadro administrativo. Dentre os diversos tipos de organizações, Weber distinguiu entre:

• Associações administrativas, reguladoras e empresariais.

• Associações hierárquicas: a igreja (instituição) e a seita (união) no âmbito religioso e o Estado (instituição) e o partido político (união) no âmbito político.

Um quadro sintético dos principais conceitos do esquema sociológico de *Economia e Sociedade* pode ser apreciado abaixo. Interessante observar como, de forma nenhuma, Weber utiliza o conceito de "sociedade" em sua metodologia sociológica:

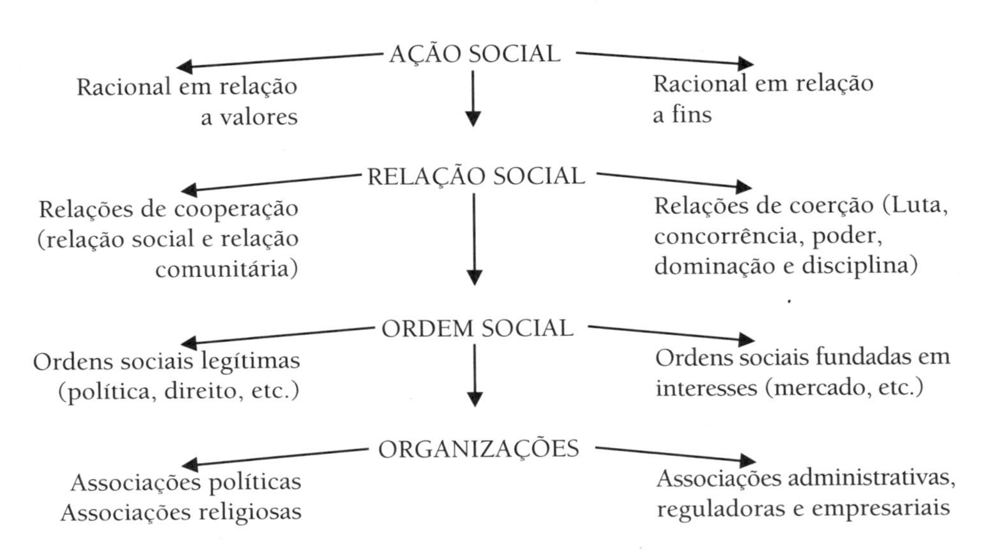

O esquema analítico de Weber apresenta sempre um caminho que, do ponto de vista lógico, explica o geral a partir do particular. Assim, a partir da análise da ação social social (no plano micro), passando pela interação entre os indivíduos (relações sociais) chega-se ao plano macro da institucionalização das ordens ou esferas sociais coletivas (economia, política, direito, religião, ciência, etc.) incluindo-se ainda os diferentes tipos de organizações sociais. Pode-se, ainda, tomar o caminho contrário. Uma noção coletiva, como o Estado, por exemplo, pode ser decomposta até se chegar ao seu fundamento último, ou seja, a ação social. Quer se parta de um ou de outro ponto, o indivíduo é tomado como o fundamento lógico da explicação sociológica. É sempre a partir do indivíduo e do significado de sua conduta que Weber reconstrói as práticas sociais e fundamenta sua pesquisa sociológica.

a) Sociologias especiais

Na continuidade do texto de *Economia e Sociedade*, Weber continuou desenvolvendo uma análise sociológica dos principais campos da vida social contemporânea, dentre os quais cabe destacar:

- *Sociologia Econômica*: neste campo ele explicita a especificidade da ação social econômica. Analisa as principais instituições econômicas (propriedade privada, mercado e empresas), os tipos de racionalidade econômica (racionalidade formal e material da economia) e, especialmente, as diversas formas de organização econômica (a economia doméstica e a economia voltada para a busca do lucro). Por fim, descreve ainda os diversos tipos de organização econômica capitalista: capitalismo tradicional, capitalismo comercial e capitalismo industrial moderno.

• *Sociologia da Estratificação Social*: a novidade da teoria da estratificação social de Weber é buscar compreender as diferentes posições do indivíduo na sociedade não a partir de um único critério, mas a partir de sua inserção em várias esferas da realidade. Portanto, se do ponto de vista econômico, as pessoas estão divididas em "classes sociais"; do ponto de vista político elas se encontram em diferentes "partidos" e, quanto ao aspecto cultural, elas se diferenciam em diferentes tipos de "estamentos" ou grupos de status. A **classe** diz respeito aos interesses econômicos das pessoas e as diferenças na posse de bens: "propriedade e falta de propriedade são, portanto, as categorias básicas de todas as situações de classe" (WEBER, 1982, p.213). O que determina o pertencimento de uma pessoa a determinada classe é sua situação no mercado. O **estamento** ou status, por sua vez, é a esfera da honra e do prestígio social: "desejamos designar como "situação de status" todo componente típico do destino dos homens, determinado por uma estimativa específica, positiva ou negativa, de honraria"(idem, p.218). Já o **partido** está relacionado com a esfera política: "sua reação é orientada para a aquisição do "poder" social, ou seja, para a influência sobre a ação comunitária, sem levar em conta qual possa ser o seu conteúdo" (idem, p.227). Isto significa que o partido é sempre um grupo organizado de pessoas que disputam o poder, não só na esfera do Estado, mas também em "clubes" e outros tipos de organizações sociais.

• *Sociologia da Religião*: ele começa descrevendo o papel dos principais atores sociais do campo religioso: os feiticeiros (praticantes da magia), os sacerdotes (responsáveis pelo culto das organizações religiosas) e os profetas (que enfatizam o comportamento ético da religião). Ele mostra que as religiões podem ser classificadas segundo os diferentes caminhos de salvação que oferecem (o caminho ascético ou da disciplina ética ou o caminho místico da contemplação) e, por outro lado, de acordo com o modo como a religião se vincula às necessidades religiosas das diferentes camadas sociais: (religiosidade urbana ou rural, dos intelectuais, dos aristocratas, dos burocrotas, das castas, das classes privilegiadas ou dominadas, etc.). Por fim, ele destaca ainda como as diversas religiões mundiais podem levar a diferentes tipos de relação com a realidade secular: abertura ao mundo (judaísmo), adaptado ao mundo (islamismo), fuga do mundo (budismo) e rejeição prática do mundo (cristianismo primitivo). Famosa é também sua clássica diferenciação entre os tipos ideias de "igreja" e "seita" segundo os critérios abaixo:

Característica	Igreja	Seita
Extensão	Muitos membros	Poucos membros
Relação com o mundo	Aceitação do mundo	Rejeição ou separação do mundo
Grau de regulamentação da vida	Assistemático e superficial	Sistemático e severo
Modo de pertencimento	Inclusivo: por nascimento	Exclusivo: por afiliação
Forma de dominação	Burocrático	Carismático – dominação dos qualificados
Clero	Especializado e profissional	Pouco especializado e chamado pessoal
Doutrina	Escritura e tradição	Escritura
Orientação	Mundana	Extramundana
Relação com outros grupos	Repressão ou tolerância limitada	Rejeição e separação estrita

• *Sociologia do Direito*: a análise weberiana da esfera jurídica consiste na descrição do processo de racionalização do direito. No estudo deste processo, Weber distingue, basicamente, quatro tipos ideais de direito: material (regido por princípios externos ao direito, como a ética, economia, política, religião, etc.) ou formal (regido apenas pelas regras internas do ordenamento legal) e racional (que obedece a padrões regulares) ou irracional (que não possui procedimentos sistemáticos). O processo de racionalização do direito obedece a fatores de ordem interna, como a sistematização e generalização das normas jurídicas (que são realizadas pelos profissionais do direito) e também às demandas externas de ordem religiosa, política e, especialmente, econômica. A evolução do direito compreende, assim, as seguintes etapas: 1) direito formalmente irracional, 2) direito materialmente irracional, 3) direito materialmente racional e, 4) direito formalmente racional:

Tipos de direito	Irracional	Racional
Formal	Direito revelado	Direito positivo
Material	Direito tradicional	Direito natural

Fonte: Schluchter (2010).

• *Sociologia Urbana*: Weber apresentou uma definição sociológica de cidade como "um povoado, isto é, um assentamento com casas contíguas, as quais representam um conjunto tão extenso que *falta* o conhecimento pessoal mútuo dos habitantes, específico da associação de vizinhos" (1999, p.408). Ele distinguiu as cidades do tipo oriental (que tinham finalidades políticas, ou seja, governo e proteção militar) e as cidades ocidentais que se formaram especialmente com base em motivações econômicas. O tipo de organização social urbana e plebeia do Ocidente foi um dos fatores ligados ao desenvolvimento das experiências de democracia direta do mundo antigo e feudal.

Ao analisar estes diferentes tópicos da vida social, Max Weber forneceu notáveis contribuições para o desenvolvimento das áreas especializadas ou aplicadas da sociologia. Em suas obras, podemos achar ainda reflexões sobre a sociologia rural, a sociologia da ciência, a sociologia da educação, a sociologia da técnica e até mesmo a sociologia da arte (especialmente a música). Outro tópico fundamental no esquema sociológico de Weber é a sua sociologia política, tema que vamos analisar no final deste capítulo.

3. Teoria da modernidade

É no conjunto de estudos histórico-comparativos das religiões mundiais que Weber traça o quadro de nascimento e desenvolvimento da modernidade. Sua sociologia da religião não pode ser reduzida a um estudo que se restringe à interpretação da religião como fenômeno particular. Segundo a abordagem weberiana, a modernidade é fruto de um longo e peculiar processo histórico-social de **racionalização**. E, embora a razão ocidental tenha trazido para o homem a capacidade de dominar o mundo, especialmente através da ciência e da técnica, trouxe também consequências negativas: a perda de sentido da vida e a perda de liberdade.

Para empreender seu estudo sobre a modernidade, primeiramente Weber se dedica a entender a relação que existe entre o protestantismo e a moderna conduta econômica capitalista. Em um segundo momento, suas análises se deslocam do Ocidente para o Oriente para analisar a relação entre religião e racionalidade na Índia (hinduísmo e budismo) e na China (confucionismo e taoísmo), sem esquecer ainda do judaísmo e até do islamismo. É a partir destas múltiplas comparações que Weber procura entender a cultura ocidental, sua originalidade e também os seus problemas. A partir destas análises comparativas entre os diferentes desenvolvimentos culturais do Ocidente e do Oriente, Weber (1996, p. 11) conclui que:

> Racionalizações têm existido em todas as culturas, nos mais diversos setores e dos tipos mais diferentes. Para caracterizar sua diferença do ponto de vista da história da cultura, deve-se ver primeiro em que esfera e direção elas ocorrem. Por isso, surge novamente o problema de **reconhecer a peculiaridade específica do racionalismo ociden-**

tal e, dentro deste moderno racionalismo ocidental, o de esclarecer a sua origem.

O que é este "racionalismo ocidental"? Qual o seu caráter específico diante dos povos do Oriente e de outras formas de racionalismo? Qual a sua origem? Qual o seu significado para a vida do homem contemporâneo? Eis os temas de que trata a sociologia da religião de Max Weber e que o levam a apontar aquela que é uma das características mais importantes das sociedades modernas: o racionalismo da dominação do mundo.

3.1. Racionalização social: a ética protestante e o "espírito" do capitalismo

O conjunto de artigos reunidos sob o título **A ética protestante e o "espírito" do capitalismo** foi escrito por Weber em 1904/1905 e revisado pelo autor em 1920. Com base nestas duas versões, os estudiosos nos mostram que podemos identificar na obra dois problemas interligados. Em primeiro lugar, trata-se de uma investigação sobre as "origens" culturais do capitalismo moderno. Junto com a ciência, a arte, a arquitetura, a universidade, o Estado e outros fenômenos, o capitalismo racional seria a grande marca da civilização ocidental. Desta feita, Weber está interessado em verificar qual a relação entre determinada religião e a conduta de vida adequada ao moderno sistema econômico capitalista-industrial. Mas, na revisão que fez da obra, Weber acrescentou ao texto uma preocupação mais ampla. Como já destacamos, a questão central da sociologia de Weber é mostrar como se dá o progresso da racionalização da vida no Ocidente (do qual o capitalismo moderno é uma de suas maiores expressões) e quais suas diferenças em relação a outras configurações culturais e sociais. Por que apenas no Ocidente moderno emergiu um tipo específico de racionalismo: o racionalismo da dominação do mundo? Para Weber, a chave para responder a esta segunda pergunta também estava nas características específicas da ética protestante.

Comecemos, pois, pela primeira questão: a **origem do capitalismo** ou mais especificamente: a origem do "espírito" do capitalismo. A tese de que a gênese da conduta de vida capitalista está enraizada na ética protestante é bastante conhecida, mas:

- Em primeiro lugar, é importante acentuar que Weber está longe de afirmar que o protestantismo foi a "única" causa do capitalismo. Além de assinalar que o problema da origem do capitalismo admite causas múltiplas e complexas (econômicas, políticas, militares, técnicas, jurídicas, etc.), não se pode sustentar que a religião (ou a ética) seria propriamente o fator de origem do comportamento econômico capitalista, num sentido linear e determinista. Esse ponto é da maior importância: Weber não trata, de maneira nenhuma, da origem do capitalismo como "sistema econômico", mas apenas da origem da conduta ou disposição capitalista como uma determinada forma de "ação social".

• Um segundo esclarecimento importante envolve o significado e o alcance das variáveis em questão. Em sua obra, Weber não se refere ao "capitalismo" e ao "protestantismo" de uma forma ampla. O que ele busca é colocar em relação uma forma bastante determinada de protestantismo (o protestantismo ascético e não o luterano), privilegiando um dos elementos desta religião (a sua moral) para mostrar sua conexão com um comportamento fundamental para a consolidação de um dos elementos do espírito do capitalismo, qual seja, a ideia de profissão como dever.

• E, em terceiro lugar, importa notar também que tipo de relação Weber estabelece entre estes elementos. Ainda que ele nos mostre uma relação causal (entre a "ética" do protestantismo "ascético" e a "conduta" capitalista), a ligação entre estes dois elementos é pensada com base no conceito de "afinidades eletivas" (*Wahlverwandtschaften*). Mais do que uma relação direta, o que está em jogo é um processo de atração de duas visões de mundo que se reforçam mutuamente. Mas, apesar de todos estes cuidados metodológicos, Weber (2004, p. 157) não hesitou em afirmar que a ética protestante "tinha que ser, no fim das contas, a alavanca mais poderosa que se pode imaginar da expansão dessa concepção de vida que aqui temos chamado de 'espírito' do capitalismo".

O que vem a ser este *espírito do capitalismo* ao qual Weber se refere? Para esclarecer esta expressão, ele nos dá os exemplos de um conjunto de máximas de Benjamin Franklin, que recomenda:

• lembra-te de que tempo é dinheiro;

• lembra-te de que crédito é dinheiro;

• lembra-te de que dinheiro gera mais dinheiro;

• lembra-te de que o bom pagador é senhor da bolsa alheia;

• as mais insignificantes ações que afetam o crédito de um homem devem ser por ele ponderadas;

• guarda-te de pensar que tudo o que possuis é propriedade tua e de viver como se fosse;

• por seis libras por ano podes fazer uso de cem libras, contanto que sejas reconhecido como um homem prudente e honesto.

O que estas máximas nos mostram é que o espírito do capitalismo é uma ética de vida, um modo de ver e encarar a existência. Ser capitalista, antes de tudo, não é ser uma pessoa avara, mas ter uma vida disciplinada, ou ascética, motivada pelo sentido do dever, pela honestidade e pela dedicação ao trabalho. Trata-se, como diz Weber, de uma ascese no mundo ou ascese intramundana. Ascese é o comportamento típico dos monges, que levam uma vida dedicada à oração e à penitência. O capitalista também é uma pessoa ascética. Mas a sua ascese é praticada no trabalho, ao qual ele se dedica com rigor e disciplina. Para institucionalizar-se, o espírito do capitalismo teve que sobrepujar o "tradicionalismo", ou seja, a ideia de que o ser humano não quer ganhar mais dinheiro só por dinheiro, mas viver como está habituado e ganhar o necessário para tanto. Weber insiste ainda na tese de que o "*espírito*" do capitalismo (ou seja, a disposição para trabalhar vocacionalmente para o ganho legítimo e racional) não pode ser confundido com a "*forma*" do capitalismo (quer dizer, com o capitalismo entendido como sistema econômico, cujo eixo seria a empresa capitalista), pois ambos podem ocorrer separadamente, como mostra o quadro abaixo:

FORMA (Sistema Econômico)	ESPÍRITO (Conduta de vida)
+	+
–	+
–	–
+	+

Ora, foi apenas no Ocidente que o sistema econômico centrado na organização empresarial do trabalho e uma conduta de vida orientada pela ideia do trabalho como dever (Profissão) combinaram-se de modo a se reforçarem mutuamente. Em seu estudo, contudo, Weber não pôde dedicar-se ao estudo da "forma" (capitalismo como sistema econômico) e vai concentrar-se apenas no estudo das raízes do "espírito" do capitalismo, colocando-se como questão a seguinte pergunta: Como esse modo capitalista de ver e conduzir a vida se generalizou e se propagou pelo Ocidente?

A primeira contribuição para este processo, afirma Weber, foi dada por Martinho *Lutero* e sua concepção de "vocação" (*Beruf*). Para Lutero, a salvação das pessoas não vinha do fato delas se retirarem do mundo para rezar, como faziam os monges católicos. Pelo contrário, quanto mais os indivíduos aceitassem suas tarefas profissionais como um chamado de Deus (vocação) e as cumprissem com disciplina, mais aptos estariam para serem salvos. É com Lutero, portanto, que nasce o "ascetismo intramundano" através da valorização religiosa do trabalho como uma tarefa ordenada por Deus.

Com as seitas posteriores à reforma de Lutero esta ideia iria ainda mais longe. No quarto capítulo de sua obra, Weber analisa as principais seitas que representam o chamado "protestantismo ascético" que são:

- Calvinismo;
- Pietismo;
- Metodismo;
- Seitas anabatistas.

Dentre estas quatro denominações, é o *calvinismo* que melhor nos ajuda a ilustrar a relação entre a ética do protestantismo ascético e o comportamento capitalista. De acordo com a doutrina calvinista, todos os homens são predestinados por Deus para a salvação ou para a condenação. Somente Deus, na sua sabedoria e bondade eterna, sabe e escolhe quem será salvo ou não (doutrina da predestinação). Nada do que o homem fizer por esforço próprio faz diferença: tudo depende de Deus. Naturalmente, uma concepção deste tipo causa grande angústia para as pessoas. Como saber se eu vou ser salvo? A pregação advinda da práxis moral do calvinismo recomendava que o indivíduo tivesse como dever considerar-se salvo e, além disso, considerar o trabalho profissional sem descanso como o meio mais eficiente para conseguir esta autoconfiança. Desta forma, o calvinismo completou aquilo que ainda faltava na visão conformista e tradicionalista do trabalho presente em Lutero: um estímulo psicológico para a dedicação sistemática ao trabalho como centro da conduta de vida, quer dizer, sua racionalização metódica. O pietismo e o metodismo também aceitam a doutrina da predestinação, mas ao contrário deste, acentuam mais o lado sentimental e emocional da religiosidade. Mais importante do que estes, contudo, é o *anabatismo* (e as seitas dele derivadas, como os batistas, menonitas e quakers), pois eles foram o segundo grande portador autônomo da ascese protestante. Todavia, a base doutrinal do anabatismo é bastante diferente do calvinismo, sendo sua característica fundamental a organização em forma de "seita", ou seja, comunidades religiosas, de caráter voluntário, apartadas do mundo e onde os indivíduos levavam uma vida canalizada para as atividades profissionais:

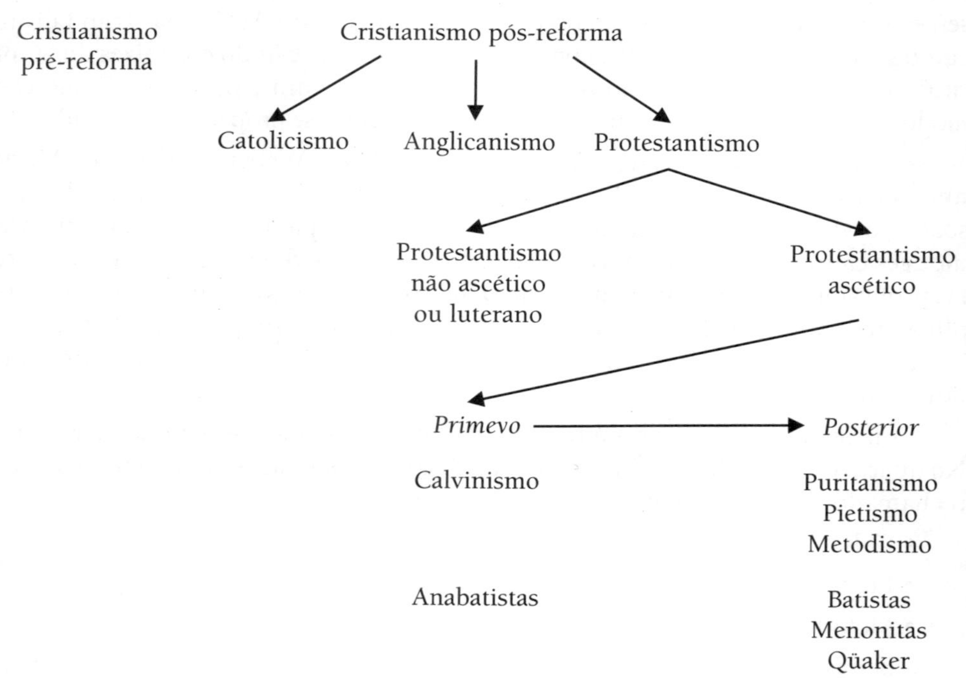

Fonte: Schluchter (2009).

Apesar de suas diferenças doutrinárias, o ramo predestinacionista ou anabatista do protestantismo ascético têm um elemento em comum: ambos supõem que a necessidade de que a salvação deva ser "comprovada" através de uma conduta regulada e sistemática: o que importa é agir de forma correta. Como resultado dessa visão, tanto o calvinismo quanto as demais seitas ascéticas do protestantismo passaram a estimular tanto o trabalho profissionalizado quanto a busca da riqueza. A riqueza foi considerada perigosa apenas se desviasse o indivíduo do trabalho e o levasse na busca dos prazeres materiais: "com certeza não para fins da concupiscência da carne e do pecado, mas sim para Deus, é permitido trabalhar para ficar rico" (2004, p. 148). Em suma, quando ela advém do dever profissional, a busca da riqueza não só é moralmente lícita, mas até mesmo um mandamento. Para Weber, a ascese protestante intramundana "teve o efeito psicológico de liberar o *enriquecimento* dos entraves éticos da ética tradicionalista, rompeu as cadeias que cerceavam a ambição de lucro, não só ao legalizá-lo, mas também ao encará-lo (no sentido descrito) como diretamente querido por Deus" (2004, p. 155).

Esta ética vocacional do trabalho, embora tivesse motivações religiosas, acabou dando suporte para um comportamento indispensável para a origem da conduta de vida capitalista: o cultivo da profissão através do trabalho metódico e racional. Como afirma Weber, a concepção puritana de vida beneficiou "a tendência à conduta de vida burguesa economicamente racional; ela foi seu mais essencial, ou melhor, acima de tudo, seu único portador conseqüente. Ela fez a cama para o *homo oeconomicus* moderno" (idem, p.158). Tanto o moderno tipo de homem especializado e o homen de negócios, ou mesmo o *ethos* profissional do empresário burguês ou a sobriedade dos trabalhadores e operários possuem aí sua raiz. Mesmo com o processo de enfraquecimento da religião na vida individual e social, a ética do trabalho se expandiu e se consolidou no Ocidente. Com o tempo, a motivação da busca da riqueza se desligou da religião e ganhou vida própria:

> O puritano queria ser um profissional – nós devemos sê-lo. Pois a ascese, ao se transferir das celas dos mosteiros para a vida profissional, passou a dominar a moralidade intramundana e assim contribuiu com sua parte para edificar esse poderoso cosmos da ordem econômica moderna ligado aos pressupostos técnicos e econômicos da produção pela máquina, que hoje determina com pressão avassaladora o estilo de vida de todos os indivíduos que nascem dentro dessa engrenagem [...] e talvez continue a determinar até que cesse de queimar a última porção de combustível fóssil (WEBER, 2004, p. 165).

Já naquela época a tese de Weber desencadeou uma enorme polêmica e foi criticada por historiadores como Karl Fischer e Felix Rachfal. Weber respondeu a estas críticas e redigiu quatro textos visando esclarecer seus pontos de vista: 1) *Observações críticas sobre 'as contribuições críticas' precedentes*, 2) *Observações sobre a 'réplica' de Senhor K. Fischer*, 3) *Anticrítica sobre o 'espírito' do capitalismo* e 4) *Anticrítica conclusiva*. A partir de 1909 as pesquisas de Weber sobre o capitalismo se ampliaram ainda mais e ele passou a investigar também a existência de formas de capitalismo em outras épocas e outras culturas. Para Weber, portanto, o capitalismo não é um sistema econômico exclusivo da época moderna ou mesmo do Ocidente (como achava Marx). Por isso, em um conjunto de textos chamados *As relações agrárias na Antiguidade* ele inicia sua pesquisa com a seguinte pergunta: "existiu o capitalismo na Antiguidade"? Tal pergunta, que receberá de sua parte uma resposta afirmativa, também será aprofundada nas aulas dadas em Munique no ano de 1920 e que foram depois publicadas sob o título de *História Econômica Geral*.

Por fim, é interessante notar que, apesar de escritos antes da elaboração explícita de seu método, os artigos sobre a ética protestante já antecipam a forma de pensar sociológico de Weber, em particular as premissas do seu individualismo metodológico. Para perceber isso, basta observar de que forma ele organiza sua exposição partindo sempre da lógica de ação dos indivíduos para, a partir dela, explicar a gênese e funcionamento da estruturas sociais:

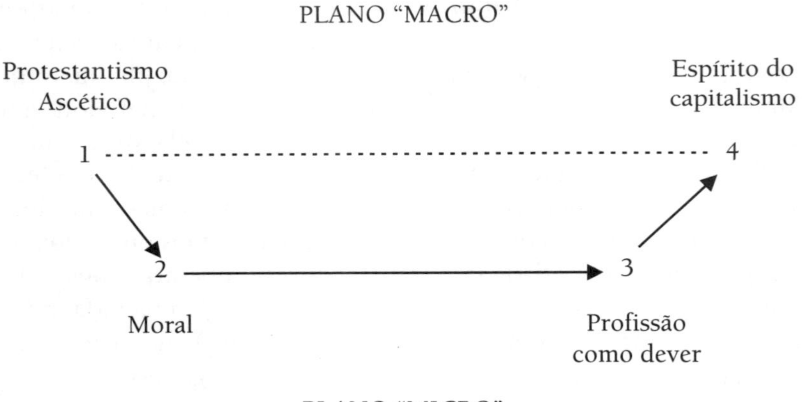

Além da origem da ideia da profissão como dever, existe também outra importante questão tematizada por Weber nesta obra: o processo histórico de **racionalização social**. Do ponto de vista da visão religiosa do mundo, o protestantismo ascético representa o ponto final do processo de desencantamento religioso do mundo, pois retira do crente a possibilidade de influenciar magicamente o divino. Por outro lado, o protestantismo também racionaliza a conduta prática dos indivíduos, na medida em que postula uma determinada maneira de conduzir a existência (Lebensfürung): o "modo metódico de vida". A partir deste processo, a vida das pessoas estaria movida por uma forma específica de racionalidade (o racionalismo ético-prático e sistemático de condução da vida e de dominação do mundo), como Weber deixou claro em sua citação acima, e voltaria a enfatizar ainda mais:

> O desencantamento do mundo: a eliminação da magia como meio de salvação não foi realizada na piedade católica com as mesmas conse-

> quências que na religiosidade puritana (e, antes dela, somente na judaica) [...]. A vida do "santo" estava exclusivamente voltada para um fim transcendente, a bem-aventurança, mas justamente por isso era **racionalizada** de ponta a ponta em seu percurso intramundano e dominada por um ponto de vista exclusivo: aumentar a glória de Deus na terra [grifo nosso] (WEBER, 2004, p. 107).

Uma religião completamente desprovida de elementos mágicos e uma vida metódica dedicada ao trabalho, de forma disciplinada e ordenada: é neste sentido que o comportamento do protestante representa uma forma extremamente racionalizada de vida. Desta forma, "aquele grande processo histórico-religioso do *desencantamento* do mundo que teve início com as profecias do judaísmo antigo e, em conjunto com o pensamento científico helênico repudiava todos os meios *mágicos* de busca da salvação, encontrou aqui sua conclusão" (Weber, p. 96). Quando a motivação religiosa do trabalho em busca da riqueza desaparece, mas esta forma ordenada de vida se perpetua por força própria, a vida social atingiu seu nível máximo de racionalização. A origem do capitalismo enquanto conduta de vida, portanto, faz parte de um processo mais amplo que é o desenvolvimento, no Ocidente, de uma forma específica de racionalismo: o racionalismo da dominação do mundo. A racionalização da ação social, representada pela influência do protestantismo e pela origem da forma e do espírito do capitalismo, é uma de suas expressões fundamentais.

3.2. Racionalização cultural: as religiões mundiais

A sociologia da religião de Weber não ficou restrita apenas ao estudo da realidade ocidental. Se, no Ocidente, a religião foi um fator que impulsionou o desenvolvimento de uma forma específica de racionalismo e a origem do capitalismo industrial, restava saber também a direção percorrida pelo processo histórico de desencantamento em outros tipos de cultura e civilização. É neste contexto que devemos situar os textos reunidos sobe o nome de **Ética econômica das religiões mundiais** que contém as análises weberianas sobre o confucionismo e o taoísmo (religiões da China), o hinduísmo e o budismo (religiões da Índia), bem como uma análise do judaísmo antigo. Mais tarde estes textos foram novamente revisados e agrupados com um novo título: *Ensaios Reunidos de Sociologia da Religião*.

Na "Introdução" (*Einleitung*) que escreveu para estes Ensaios (traduzida com o título de **Psicologia social das religiões mundiais**), Weber delineia os pressupostos metodológicos desta análise. Por um lado, as ideias religiosas refletem os interesses das camadas sociais formadoras das principais religiões mundiais, mas, de acordo com a ordem causal inversa, também atuam sobre os interesses sociais. Neste segundo sentido, ele afirma que: "muito frequentemente, as imagens mundiais criadas pelas 'ideias' determinaram, qual **manobreiros**, os trilhos pelos quais a ação foi levada pela dinâmica do interesse" (WEBER, 1982, p. 323). É a partir desta complexa trama entre interesses materiais e ideais que o autor delineia os caminhos que a racionalização teórica e prática seguiu nas principais religiões universais.

Em **Confucionismo e taoísmo**, Weber apresenta a civilização chinesa de forma ampla, incluindo suas características urbanas, agrárias, políticas e econômicas. Naquela civilização, a religião era controlada pelo Estado Imperial, particularmente por uma camada social formada por funcionários estatais (os mandarins ou literatos chineses) com uma culta formação literária. Isso conferiu um aspecto ritualista ao confucionismo chinês que tinha como centro o culto ao imperador e as tradições familiares. A religiosidade popular da China foi desenvolvida pelo Taoísmo que buscou combinar seus traços místicos com as exigências religiosas das massas, particularmente a magia, ou seja, a busca de satisfação das necessidades do indivíduo mediante a manipulação das forças sagradas. A religiosidade da China foi definida por Weber como um "Jardim Mágico" (*Zaubergarten*).

No texto **Hinduísmo e budismo**, ele começa descrevendo o sistema de castas existentes naquele país. A divisão desta sociedade em grupos sociais fechados formados pelos Brahmanes (sacerdotes), Xátrias (governantes e guerreiros), Vaishyas (comerciantes) e Shudras (ocupações manuais) tinham uma correspondência direta com a crença na reencarnação. Na religião hinduísta, a transmigração das almas (karma e samsara) seria o único meio pelo qual o indivíduo poderia evoluir na escala social, transpondo as barreiras sociais existentes. Isso exigia do crente o fiel cumprimento dos deveres rituais da casta à qual pertencia (dharma). O hinduísmo era uma religião cuja camada social fundamental era formada por sacerdotes que não tinham poder político e que, por esta razão, desenvolveram profundamente o racionalismo especulativo de tipo místico. Esta tendência foi aprofundada pelo budismo que, expandindo-se da Índia até o Japão, tornou-se a principal força religiosa do Oriente. Religião formada por monges mendicantes, o budismo acentuou os traços místicos da religião indiana, na medida em que apresentava como ideal de vida a superação do sofrimento (e da roda da reencarnação) pela dissolução do ego e pela busca especulativa do sentido do cosmos.

No terceiro volume dos **Ensaios de sociologia da religião**, Weber volta-se novamente para as raízes da civilização ocidental, refazendo o percurso do **Judaísmo antigo**. A religião judaica seria um tipo de religiosidade formada por um povo pária, ou seja, um povo cuja crença em uma aliança especial com Javé deu origem a formas de segregação ritual e social diante das demais culturas e sociedades. Este estudo mostra que a origem do processo de racionalização da vida ocidental tem como uma de suas fontes o papel desempenhado pelos *Profetas*. Na medida em que eles exigiam do povo judeu a observância das leis divinas, iniciaram o processo de desencantamento do mundo e de racionalização das condutas que, com o protestantismo, alcançou uma dimensão universal.

De que forma estas diferentes religiões podem nos ajudar a explicar a constituição de diferentes formas de racionalismo? Para responder a esta pergunta é importante comparar estas religiões entre si, mostrando como suas representações religiosas (objetivos e métodos de salvação) levam a dois caminhos fundamentais de prática religiosa: intramundana (ou seja, praticada dentro do mundo) ou extramundana (ou seja, que valoriza o afastamento da realidade social e cultural).

Em relação ao conteúdo de suas *representações*, podemos começar distinguindo as religiões quanto a seus diferentes objetivos de salvação. De acordo com a explicação de Habermas (1987, p. 269), Weber identifica principalmente dois tipos de imagem de Deus: "A primeira, a ocidental, se serve da concepção de um Deus criador, supramundano e pessoal; a outra, muito difundida no Oriente, parte da ideia de um cosmos impessoal e não criado. Weber fala aqui de uma concepção supramundana e de uma concepção imanente de Deus". Logo, temos duas formas culturais diferentes de explicar o que seria a divindade. Nas religiões ocidentais, Deus cria o mundo, estando fora e acima dele (Deus supramundano ou visão teocêntrica). A divindade sempre existiu, e a existência do mundo é um ato de sua vontade. Diferentemente, nas religiões orientais, Deus e o mundo são a mesma realidade, a divindade e o mundo formam um todo, sendo que Deus está na beleza da totalidade, além de ser a força que sustenta todo o ser (visão imanente ou cosmocêntrica).

Em relação aos *métodos de salvação*, as principais religiões universais apresentam duas grandes tendências. Na civilização ocidental predominou a via ascética. Através do ascetismo, o fiel entende que deve agir como um instrumento da divindade. O elemento valorizado nesta forma de conduta religiosa é essencialmente prático e envolve sempre a ação. Já na civilização oriental predominou a via mística. Através do misticismo o fiel deve se unir espiritualmente ao divino. O elemento preponderante é teorético e envolve a contemplação. Todavia, Weber também reconhece que estes diferentes métodos de salvação podem ser diferenciados ainda conforme eles apontem na direção da vivência destas *práticas religiosas* no cotidiano (ascetismo intramundano e misticismo intramundano) ou, ao contrário, exijam dele o total afastamento do mundo social e secular (ascetismo extramundano e misticismo intramundano).

A partir desta multiplicidade de elementos, podemos visualizar o seguinte quadro global:

Religiões mundiais e formas de racionalismo

I. Qualificação Religiosa	Massas x Virtuosos (↙ ↘)	
II. Qualificação Social	*Camadas Dominantes* Funcionários do Estado Guerreiros cavalheirescos Intelectuais	*Camadas Dominadas* Artesãos Vendedores Comerciantes Pequena burguesia Intelectuais

III. Racionalidade	Prática	Teórica	Prática	Teórica
IV. Exemplos	Mandarins Confucianos Guerreiros Islâmicos	Brâmanes Monges Budistas	Puritanos	Artesãos Cristãos (Paulo) Rabinos
V. Estudos	Confucionismo e Taoísmo (Islamismo = não desenvolvido)	Hinduísmo e Budismo	Protestantismo Ascético	Cristianismo primitivo (não terminado), Judaísmo Antigo

Fonte: Schluchter (2009).

Como conclusão, no seu vasto e elaborado estudo histórico-comparativo, Weber mostrou que as religiões universais desenvolvem as seguintes formas de racionalismo:

- Na Índia, a combinação entre uma visão imanente do divino (cosmocêntrica) e a valorização da espiritualidade mística praticada pelos monges fora do mundo (misticismo extramundano) teve como consequência uma forma teórica de racionalismo: o "racionalismo da fuga do mundo".
- A civilização chinesa que combinou a mesma visão imanente do divino (cosmocêntrica) e o misticismo como forma de conduta religiosa praticada dentro do mundo (misticismo intramundano) aproximou-se, em muitos aspectos, do racionalismo prático ocidental. Mas, as características ritualistas desta religião produziram um "racionalismo de adaptação ao mundo".
- O judaísmo foi o precursor do racionalismo prático do Ocidente, pois combinou uma visão teocêntrica da divindade com uma forte ênfase na conduta moral, ou seja, na correta observância dos mandamentos divinos. No entanto, para Weber o judaísmo antigo (especial o judaísmo dos rabinos) possui uma orientação bastante formalista e produziu uma forma de racionalismo de aceitação do mundo.
- Foi somente o protestantismo pós-luterano que apresentou uma combinação particular de fatores (a visão teocêntrica e transcendente do divino, combinada com o ascetismo intramundano) que favoreceu uma atitude prática e metódica ante a vida, que Weber definiu como o "racionalismo da dominação do mundo". Fenômenos como o capitalismo moderno, o Estado Burocrático, a ciência e a técnica, o direito formal, a contabilidade, as empresas e outros são a expressão do tipo de racionalidade predominante no mundo ocidental. Nas palavras de Weber (1991, p. 158):

> Apenas a ética racional puritana orientada para além do mundo levou às últimas consequências o racionalismo econômico intramundano [...]. Pois é nisso que reside a diferença fundamental entre essas duas

modalidades de "racionalismo". O racionalismo confuciano significava adaptação racional ao mundo. O racionalismo puritano significava dominação racional do mundo.

3.3. *O diagnóstico weberiano da modernidade*

A análise comparativa de Weber entre as religiões do Ocidente e do Oriente permitiu ao autor traçar um quadro completo da evolução cultural da modernidade. Em Weber (1967, p. 30) nós temos uma minuciosa análise do "processo de intelectualização a que estamos submetidos desde milênios", e que ele procura explicar a partir dos seguintes conceitos:

- Racionalização;
- Desencantamento do mundo;
- Secularização.

A **racionalização** é o conceito mais amplo e representa o cerne da sociologia weberiana. Visando determinar tanto a origem do processo de racionalização ocidental quanto a sua especificidade (comparando Ocidente e Oriente), Weber distinguiu diferentes níveis de racionalidade. No plano da ação, como já vimos, temos a distinção entre *racionalidade valorativa* [*Wertrationalität*] e *racionalidade instrumental* [*Zweckrational*]. O par racionalidade material e formal refere-se às instituições sociais modernas e explica a lógica social de esferas como a economia, a política, o direito e a ciência, exemplos de espaços sociais em que a lógica de fins e meios tornou-se preponderante. Já o par racionalidade teórica e prática é fundamental para entender o processo de racionalização cultural das religiões. De acordo com ele (1991, p. 151):

> para apreciar o nível de racionalização que uma religião representa podemos usar dois critérios básicos, que se inter-relacionam de várias maneiras. O primeiro é o grau em que uma religião despojou-se da magia; o outro é o grau de coerência sistemática que imprime a relação entre Deus e o mundo e, em consonância com isso, à sua própria relação ética com o mundo.

O processo de racionalização é caracterizado especialmente pela eliminação da magia como meio de salvação, ou seja, pelo **desencantamento do mundo** (*Entzauberung der Welt*), uma das mais famosas fórmulas do vocabulário weberiano e que pode ser considerada uma síntese de sua visão do mundo moderno. O desencantamento do mundo possui uma dupla dimensão:

- Na sua dimensão religiosa, o homem deixa de acreditar que o mundo é povoado de forças divinas e impessoais que podem ser manipuladas em proveito próprio através da magia. A eliminação da magia começa no interior das próprias religiões, com sua gênese no judaísmo antigo até chegar ao protestantismo ascético, mas se completa definitivamente com o surgimento da ciência e da técnica ocidentais.

• Na sua dimensão científica, o desencantamento significa que através do saber racional o homem "des-diviniza" a natureza, vista agora como um mecanismo causal carente de sentido e que pode ser controlada apenas pela técnica. De acordo com Raimond Aron (1993, p. 521), "a ciência nos habitua a ver a realidade exterior apenas como conjunto de forças cegas que podemos pôr a nossa disposição; nada resta dos mitos e das divindades com que o pensamento selvagem povoava o universo. Nesse mundo despojado desses encantamentos, e cego, as sociedades se desenvolvem no sentido de uma organização cada vez mais racional e burocratizada".

A **secularização** é um dos resultados de todo este processo. Uma ordem social secularizada é aquela na qual a esfera religiosa deixa de ser a força cultural determinante e a crença passa a ser uma escolha individual. Isto significa que as formas de organização social e política não retiram mais sua validade de uma visão religiosa do mundo. A legitimidade do poder político reside na própria capacidade humana de organizar-se a partir de critérios racionais. Secularização não quer dizer o fim da existência das religiões e também não necessariamente que elas perdem sua influência na vida das pessoas. Mas, em uma sociedade secularizada, a religião não é o fundamento da ordem social e, principalmente, da legitimidade da ordem política.

Ao contrário dos filósofos iluministas e mesmo do positivismo, que viam a razão sempre como sinônimo do progresso material e cultural, Weber tinha suas reservas a este respeito. O aumento do grau de racionalidade do mundo moderno não leva, necessariamente, a um estágio superior de vida social. O processo histórico-religioso de desencantamento e o mundo racionalizado, no qual a organização capitalista e a organização burocrática do Estado eram as maiores expressões, tinham também o seu lado problemático. É neste sentido que ele nos apresenta o seu diagnóstico da modernidade: a perda de sentido e a perda de liberdade.

A **perda de sentido** foi discutida por Weber especialmente no texto **A ciência como vocação**. Ele afirmava que a gradual substituição da religião pela razão, cuja maior expressão é a ciência, implicava uma mudança cultural profunda. A religião era uma cosmovisão que conferia sentido à realidade. Toda visão religiosa procura dar aos homens uma resposta a respeito da "finalidade" última da existência. As religiões entendem o mundo como dotado de uma direção: existe uma razão que explica de onde viemos e para onde vamos. Acontece que, para Weber, a ciência não poderia ocupar o papel da religião: "quem continua ainda a acreditar – salvo algumas crianças grandes que encontramos justamente entre os especialistas – que os conhecimentos astronômicos, biológicos, físicos ou químicos podem ensinar-nos algo a propósito do sentido do mundo ou poderiam ajudar-nos a encontrar os sinais de tal sentido, se é que ele existe?" (WEBER, 1991, p. 35).

Diante deste dado, Weber julgava que o indivíduo não podia recorrer à ciência para justificar suas escolhas pessoais por um determinado conjunto de valores. A modernidade é descrita como uma guerra dos deuses, ou seja, um verdadeiro *poli-*

teísmo de valores na medida em que caberia apenas ao indivíduo, subjetivamente, responder pela coerência de seus atos: "a vida, enquanto encerra em si mesma um sentido e enquanto se compreender por si mesma, só conhece o combate eterno que os deuses travam entre si ou, evitando a metáfora, só conhece a incompatibilidade das atitudes últimas possíveis" (WEBER, 1991, p. 47). Ele conclui ainda que: "o destino de nosso tempo, que se caracteriza pela racionalização, pela intelectualização e, sobretudo, pelo "desencantamento do mundo" levou os homens a banirem da vida pública os valores supremos e mais sublimes" (WEBER, 1991, p. 51). Diante deste cenário, que lembra a imagem que o filósofo Nietzsche faz da morte de Deus, restam duas alternativas fundamentais. Para aqueles que não suportam um mundo desprovido de fundamentos, restava o retorno à religião, mas esta implicava como resultado o sacrifício do intelecto. A outra escolha implica em aceitar a absoluta falta de sentido da modernidade racionalizada pela ciência e, desta forma, pautar-se com coerência em torno dos valores escolhidos: "É preciso [...] entregar-se ao trabalho e responder às *exigências de cada dia* – tanto no campo da vida comum, como no campo da vocação" (WEBER, 1991, p. 52, itálico meu). Portanto, diante dos dilemas culturais do mundo moderno, Weber defende uma posição ética, pautada pelo senso de dever e responsabilidade. Em um escrito intitulado "**Consideração Intermediária**" (conhecido também com o título de "Rejeições religiosas do mundo e suas direções"), ao analisar o conflito entre os imperativos morais das religiões de salvação com a esfera econômica, política, estética, intelectual e erótica, ele mostra como no mundo moderno estas diferentes ordens sociais de vida ou esferas de valor obedecem a uma legalidade própria (*Eigengesetzlichkeit*) que, independente da vontade individual, impõe-se aos indivíduos, limitando sua liberdade e autonomia de ação. As esferas econômica, política e cultural se diferenciam e se autonomizam, seguindo sua própria lógica e não podem mais ser reunificadas por uma imagem religiosa do mundo. Este texto constitui uma verdadeira síntese da teoria weberiana da modernidade, pois ele oferece um quadro bastante amplo de como Weber caracterizava a lógica interna das principais esferas sociais e ordens de vida do mundo moderno:

ESFERA	VALOR	TIPO DE AÇÃO	FORMA DE ORGANIZAÇÃO	TIPO DE RACIONALIDADE
Religiosa	Salvação	Ação relacional com relação a valores e Afetiva	Comunidade religiosa (igreja, seita)	Material e formal
Econômica	Aquisição	Ação racional com relação a fins	Mercado	Material e formal
Política	Poder	Ação racional com relação a fins	Estado	Material e formal

ESFERA	VALOR	TIPO DE AÇÃO	FORMA DE ORGANIZAÇÃO	TIPO DE RACIONALIDADE
Estética	Beleza	Ação afetiva	Estilização de vida	Formal e não racional
Erótica	Prazer	Ação afetiva	Relações efêmeras	Material e não racional
Intelectual	Verdade	Ação racional com relação a fins e a valores	Universidades e laboratórios	Material e formal

Fonte: Schluchter (2009, p. 311).

Não é somente no plano da cultura que Weber apontava os resultados paradoxais da expansão da racionalidade ocidental. Esse processo possui também uma dimensão social. Trata-se da tese da **perda de liberdade**. As expressões que Weber emprega denotam a preocupação com o qual ele avaliava as contradições da racionalização ocidental na esfera social. No final do texto "A Política como Vocação", por exemplo, ele dirá que "[...] não o florescer do verão está a nossa frente, mas antes uma *noite polar*, de escuridão gelada e dureza" (WEBER, 1982, p. 152, itálico meu). Ele tendia a ver o futuro dominado pela racionalização burocrática, como ele mesmo deixa claro em escritos como "Parlamento e Governo na Alemanha Reordenada", ao afirmar que "A inteligência concretizada é também uma máquina animada, a da organização burocrática [...]. Juntamente com a máquina inanimada, a inteligência concretizada ocupa-se em construir a *concha da servidão* que os homens serão talvez forçados a habitar algum dia" (WEBER, 1980, p. 25, itálico meu).

Mas, é no final de "**A ética protestante e o espírito do capitalismo**" que a tese da perda de liberdade ganha suas conotações mais fortes. Neste texto, Weber afirmava que o manto sagrado da busca dos bens materiais dos calvinistas acabaria aprisionando o homem. É neste trecho que aparece a famosa expressão weberiana "*Stahlhartes Gehäuse*", traduzida normalmente como JAULA DE FERRO e que encerra a visão crítica que o autor possuía a respeito da modernidade ocidental: "Na opinião de Baxter, o cuidado com os bens exteriores devia pesar sobre os ombros de seu santo apenas 'qual leve manto de que pudesse despir-se a qualquer momento'. Quis o destino, porém, que o manto virasse uma **rija crosta de ferro**" [grifo nosso] (WEBER, 2004, p. 165).

A imagem de Weber é bastante forte. A racionalidade ocidental representa para o homem uma "jaula de ferro". Embora tenha se libertado das forças divinas e naturais, o homem tornou-se escravo de sua própria criação. Longe de estar livre, a racionalidade dos meios (já que o homem perdeu a racionalidade dos fins, ou seja, a capacidade de determinar o sentido da vida) tomou conta da existência. Se o puritano fez do trabalho um meio em busca da salvação, a racionalidade inerente ao mundo industrial moderno fez do trabalho uma atividade cujo fim é ele mesmo. Trata-se de uma racionalidade que aumentou a produtividade, mas escravizou o homem. Diante de um futuro desalentador que ele descreveu como uma verdadeira "petrificação", Weber não sabia se surgiram novos profetas e novas ideias, ou, ao contrário, "para os *últimos homens* desse desenvolvimento cultural, bem poderiam tornar-se verdade as palavras 'especialistas sem espírito, gozadores sem coração: esse Nada imagina ter chegado a um grau de humanidade nunca antes alcançado'" (WEBER, 2004, p. 166).

O diagnóstico weberiano da modernidade, expresso através da tese da perda de sentido e da perda de liberdade, confere uma tonalidade profundamente crítica a sua análise da modernidade ocidental, revelando quais seriam, na visão de Weber, seus principais dilemas, patologias e contradições. Mas, isto não quer dizer que Weber fosse um partidário do "pessimismo cultural" [*Kulturpessimismus*], corrente que simplesmente não via alternativas diante dos problemas trazidos pela modernidade. Diante dos problemas da ordem social moderna, Weber procurou saídas tanto do ponto de vista "ético" quanto "político", como veremos abaixo.

4. Teoria política

As análises políticas de Weber têm como uma de suas marcas centrais a abordagem empírica dos fatos políticos, razão pela qual ele costuma ser classificado como um partidário da "*Realpolitik*", posição na qual a esfera da política não se define pelos seus fins ideais, mas como espaço da luta e conquista pelo poder. No entanto, a posição de Weber é um pouco mais complexa do que isso, pois, embora criticasse o idealismo ingênuo, ele apresentou duas formas de comportamento ético na política: a ética da convicção e a ética da responsabilidade. Portanto, sua reflexão não isola totalmente o domínio do empírico (realismo) do normativo (idealismo). Concretamente, Weber envolveu-se ativamente no debate sobre os rumos da política alemã de seu tempo; bem como apresentou uma ampla e sistemática sociologia política, cujo eixo central consistia em compreender os processos de legitimação e organização da dominação política.

4.1. Neutralidade axiológica

Quem começa a ler o texto intitulado **O sentido da neutralidade axiológica nas ciências sociais e econômicas** vai se deparar com uma discussão interessante: pode um professor usar a sala de aula para emitir suas opiniões e avaliações? O docente deve ajudar a formar a "visão de mundo" do aluno ou apenas apresentar o conhecimento acumulado? Na visão do autor, ambas as posições eram válidas, pois elas eram escolhas baseadas em valores. O próprio Weber preferia a neutralidade, mas recomendava aos que defendiam a posição contrária que tomassem o cuidado de nunca excluir um ponto de vista do debate. Trata-se, portanto, de um problema vital que dividiu a comunidade científica de sua época e desencadeou outra grande polêmica: a chamada "controvérsia sobre os valores" (*Wertstreit*).

Por trás desta questão aparentemente simples, esconde-se um problema vital para as ciências sociais: a distinção entre "**juízos de fato**" e "**juízos de valor**". Como pano de fundo está o fato de que as ciências culturais são sempre ciências "relacionadas com valores" (*Wertbeziehung*). Mas, valores podem ser determinados cientificamente? Para Weber, a resposta a esta pergunta é negativa. Em outros termos, se o professor pode até emitir suas opiniões e avaliações, o mesmo não é permitido ao cientista. Isto implica afirmar que se o sociólogo é movido por seus valores na hora de definir seu objeto, na condução da pesquisa, todas as considerações pessoais do autor (seus juízos de valor ou axiológicos) deveriam ser colocadas de lado. Na pesquisa, o sociólogo só pode emitir juízos causais, ou seja, mostrar rigorosamente o desenvolvimento de um determinado fenômeno, sem procurar julgá-lo, ou tomar posição sobre o problema: tanto em relação a problemas éticos quanto políticos, as ciências sociais deveriam ser, rigorosamente, ciências neutras.

A posição de Weber acompanha a distinção que Kant realiza entre a esfera do conhecimento (razão pura) e a esfera da ação (razão prática). A tarefa da ciência é compreender a realidade, enquanto a tarefa da política (e da moral) é agir sobre o mundo. À primeira cabe o domínio do "pensamento" e do "ser" (*Sein*), enquanto a política é o reino da "ação" e do "dever ser" (*Sollen*). De forma nenhuma a ciência pode ser colocada a serviço de valores, sejam eles políticos, religiosos ou morais. Por outro lado, está fora do alcance da ciência definir quais os valores morais ou culturais que os indivíduos devem adotar.

Apesar de sustentar esta posição, Weber não concorda com a ideia de que as ciências sociais não possam se pronunciar sobre problemas práticos, ou políticos, que exigem escolhas. Em sua visão, a ciência pode até se manifestar sobre os "fins" ou "valores" que envolvem a ação humana, mas dentro de condições bastante determinadas. Em sua reflexão, a ciência enquanto "teoria" pode contribuir na solução de problemas "práticos" através das seguintes maneiras:

1) Demonstrando quais são os valores que os indivíduos assumem quando avaliam uma determinada situação ou ação sob pontos de vista contrários;

2) Mostrando como a escolha de determinados fins leva necessariamente a certas consequências práticas;

3) Avaliando se pode haver contradições entre os fins desejados e os meios empregados, como também consequências não previstas no curso da ação.

Cabe à ciência refletir criticamente sobre os valores, apontando que a escolha de "fins" implica na adoção de "meios" que precisam ser avaliados. Por outro lado, a escolha de "meios" nunca é neutra, pois ela é feita sempre a partir de concepções valorativas. Na visão de Weber, a ciência deveria ser neutra, mas nem por isso ela deve renunciar a sua função crítica.

4.2. Debate político

Weber analisou e debateu intensamente os acontecimentos econômicos e políticos que agitaram a Alemanha no Segundo Império (1870-1919), durante os reinados de Guilherme I (1871-1888) e Guilherme II (1888-1918), e ainda os primeiros anos da República de Weimar (1919-1933) que surgiu com a derrota da Alemanha na primeira grande guerra mundial. Neste período, a Alemanha (sob a liderança do Chanceler Otto Von Bismarck (1871-1890)) viveu um acelerado processo de industrialização direcionado pelo Estado. Este processo provocou um crescimento do tamanho e da importância da burocracia executiva na sociedade e no Estado Alemão. Ao longo de seus escritos políticos, Weber vai procurar teorizar sobre este quadro e mostrar os entraves que o peso da burocracia trazia para o futuro político da Alemanha, os valores liberais, a democracia e a formação de verdadeiros líderes políticos.

Logo no início de sua carreira, em 1895, na conferência intitulada **O Estado nacional e a política econômica** (sua aula inaugural na Universidade de Freiburg), Weber toca diretamente neste tema, ao mostrar que a base social da burocracia executiva e militar da Alemanha eram as antigas classes aristocráticas, chamadas de "Junkers". Como Bismarck, através de um Estado forte e intervencionista favoreceu o processo de industrialização da economia, a burguesia alemã ficou acomodada em seu papel social, desistindo de disputar diretamente o poder político. Para a burguesia, o que interessava era o avanço da modernização econômica, não lhe importando o fato do Estado estar nas mãos da aristocracia rural. Weber chamava a atenção para o fato de que o Estado não podia ficar nas mãos de uma classe decadente cujo único interesse era favorecer a burocratização do Estado para manter os seus cargos. Segundo a avaliação de Weber: "o ameaçador da nossa situação, no entanto, é que as classes burguesas parecem fenecer, enquanto portadoras dos interesses de poder nacionais e que ainda não há sinais de que as classes trabalhadoras estejam começando a adquirir maturidade para tomarem o seu lugar (WEBER, p.77).

Diante da falta de preparo da burguesia para assumir o poder político, de que forma conter o poder da burocracia? Quais seriam os mecanismos necessários para forjar líderes políticos que fossem capazes de guiar o Estado e seu quadro administrativo na sua tarefa de afirmação do poder nacional da Alemanha? Como, diante deste quadro, garantir a consolidação dos valores da liberdade, da autonomia e da democracia? Estas perguntas vão guiar a análise weberiana da conjuntura política alemã e europeia ao longo de sua carreira.

Algumas destas mesmas questões também foram colocadas por Weber em um conjunto de textos nos quais ele refletiu sobre os acontecimentos políticos que envolveram a Rússia entre a revolução constitucionalista de 1905 e a revolução socialista de 1917. No primeiro (**A situação da democracia burguesa na Rússia**, de 1906) ele já procurava mostrar que o liberalismo carecia de uma base social nos grupos existentes (burguesia, funcionários, camponeses, proletariado e partidos políticos). Na continuidade desta reflexão (**A transição da Rússia a um regime**

pseudoconstitucional, de 1906), Weber entendeu que a nova Constituição russa de 1906 ampliava os poderes da burocracia estatal, mas não limitava os poderes da monarquia diante do parlamento democrático. Em abril de 1917, às vésperas da revolução bolchevique de outubro, ele concluiu que o novo governo provisório que estava sendo formado (**A transição da Rússia à pseudodemocracia**) restringia o poder da monarquia. No entanto, Weber achava que a aliança entre a burguesia e as forças políticas ligadas ao proletariado seriam frágeis para mudar a estrutura social e política da sociedade russa. Nesta análise, Weber também ponderou que as características do capitalismo contemporâneo não favoreciam o regime de liberdade democrática:

> É ridículo no mais alto grau imaginar de qualquer afinidade eletiva entre a "democracia" ou "a liberdade" (em qualquer sentido que essas palavras possam ter) e o alto capitalismo de nossos dias – fase "inevitável" do nosso desenvolvimento econômico, o qual predomina nos Estados Unidos e agora está sendo importado pela Rússia" (WEBER, p.103).

A reorganização da estrutura política da Alemanha com a sua iminente derrota na primeira guerra é o elemento que desencadeia mais uma série de escritos políticos de Weber. Na obra **Parlamento e governo na Alemanha reordenada** (1917) ele critica a falta de liderança política herdada do período de Bismarck, argumentando que o parlamento deveria ser o mecanismo fundamental da formação de novos dirigentes políticos. Mas, para isso, o parlamento teria que assumir as responsabilidades efetivas do governo, sobrepujando o papel da burocracia. Desta forma, as novas responsabilidades do parlamento melhorariam as qualidades dos políticos eleitos que deixariam de ser meros diletantes para tornarem-se políticos responsáveis. Nesta obra, Weber toma o modelo parlamentarista como parâmetro para regular as instituições políticas alemãs. destacando que:

> Em face do representante cesarista efetivo das massas, o parlamento da Inglaterra protege: 1) a continuidade e, 2) a supervisão da posição de poder desse representante; 3) a preservação dos direitos civis, 4) um campo de provas político apropriado para cortejar a confiança das massas; 5) a eliminação pacífica do ditador cesarista uma vez que este tenha perdido a confiança das massas (WEBER, 1980, p.76).

Todavia, apenas dois anos mais tarde (1919), em um artigo intitulado **O presidente do Reich**, Weber reformula sua análise. Em vez de valorizar o parlamento, o principal mecanismo para a formação de líderes fortes e capazes para a liderança do Estado seriam as eleições diretas para presidente. Para que surgisse um líder capaz de guiar o Estado e a nação alemã, ele teria que ser escolhido diretamente pelo povo, através de eleições, e não ser indicado pelo parlamento. A força das urnas e da maioria daria a este líder o poder necessário para impor sua vontade sobre a burocracia e o próprio parlamento. É o que Weber chamava de "líder cesarista" e "democracia plebiscitária": Um presidente eleito pelo povo enquanto chefe do executivo e da atribuição de cargos administrativos dispondo (eventualmente) de um veto suspensivo, do direito de dissolver o parlamento e de consultar o povo é a segura garantia de uma verdadeira democracia (WEBER, p. 506-507). Apesar da mudança no mecanismo institucional escolhido por Weber para a formação de líderes políticos (parlamentarismo ou presidencialismo), ele confere uma grande importância à democracia moderna. Na sociedade de massas do mundo contemporâneo e diante da expansão da burocracia, a competição eleitoral seria o mecanismo fundamental para o teste e escolha de dirigentes políticos. Cético quanto as possibilidades de retomada da democracia direta (grega) através dos conselhos de operários e soldados (frutos da tentativa de revolução socialista alemã de 1918), Weber discutiu a viabilidade da democracia parlamentar (modelo inglês) ou da democracia plebiscitária (modelo norte-americano) para a realidade alemã e, desta forma, nos fornece uma importante reflexão sociológica sobre os tipos de democracia:

Democracia Parlamentar	Democracia Plebiscitária
Democracia Grega	Democracia Conselhista

No conturbado quadro político alemão, Weber também não deixou de referir-se constantemente ao socialismo e ao movimento operário que representava uma das mais importantes forças políticas da época. Em 1918, no momento em que acontecia na Alemanha uma tentativa de revolução socialista em Munique, ele pronunciou sua célebre **O socialismo**. De acordo com sua avaliação, as ideias socialistas, longe de representarem uma ruptura ou mudança social, apenas agravavam as tendências burocratizantes e racionalizantes presentes no Estado e na economia modernas. Na expressão de Weber, com o socialismo a sociedade tornar-se-ia um imenso "Felá", referindo-se ao Império Egípcio, no qual os cidadãos não passavam de escravos da imensa estrutura política de dominação que lá reinava.

No texto **Política como vocação** (1919) encontramos uma fascinante análise de Weber sobre a origem e a condição do **político profissional.** Com o surgimento do Estado, "em todos os países do globo, nota-se o aparecimento de uma nova espécie de políticos profissionais". Na sequência, ele afirma: "há duas maneiras de fazer política. Ou se vive para a política ou se vive da política. Nessa oposição não há nada de exclusivo. Muito ao contrário, em geral se fazem uma e outra coisa ao mesmo tempo, tanto idealmente quanto na prática". Em seguida, completa: "Daquele que vê na política uma permanente fonte de rendas, diremos que "vive da política" e diremos, no caso contrário, que "vive para a política" (WEBER, 1967, p. 62 e 64-65)". Neste escrito, Weber (p. 136-137) volta a defender um modelo plebiscitário de democracia, colocando-nos diante do seguinte dilema: "Só há, porém, a escolha entre a democracia com liderança [*Führerdemokratie*], com uma máquina, e a democracia sem líderes [*Führerlose Demokratie*], ou seja, o domínio dos políticos profissionais sem vocação, sem as qualidades carismáticas íntimas que fazem o líder"

Ao refletir sobre os desafios da vida política, Weber percebe que os governantes estão divididos entre o apelo de uma "ética da convicção" e uma "ética da responsabilidade". Na **ética da convicção**, o indivíduo permanece fiel as suas concepções e valores, independente das consequências práticas que isto possa ter. Na **ética da responsabilidade**, o indivíduo deve antes se perguntar pelas consequências de suas ações e decisões. São as consequências políticas de suas decisões que respondem pela moralidade de seus atos.

Weber deixa claro que a ética da convicção não significa ausência de responsabilidade, nem que a ética da responsabilidade implica ausência de convicção. Todavia, completa: "não é possível conciliar a ética da convicção e a ética da responsabilidade, assim como não é possível, se jamais se fizer qualquer concessão ao princípio segundo o qual o fim justifica os meios, decretar, em nome da moral, qual o fim que justifica um meio determinado" (WEBER, 1967, p. 115). Portanto, longe de ser defensor de um "realismo político" puro, Weber pensou claramente nas possibilidades reais de condução ética da vida política. Dentre as qualidades que ele identifica nos indivíduos que tem vocação para a política, Weber destaca a paixão, o sentimento de responsabilidade e senso de proporção.

4.3. Sociologia política

Uma das grandes qualidades da sociologia weberiana é o rigor com que Weber constrói suas categorias, chamados por ele de "tipos ideais".

4.3.1. Conceitos centrais

Dentre as principais categorias da sociologia política weberiana – encontrada de forma ampla e sistemática em seu livro póstumo, **Economia e sociedade**, ou de forma sintética na conferência **Política como vocação** (proferida em 1919), estão os seguintes conceitos:

a) Política, poder e dominação

Em **Política como vocação**, Weber define política nos seguintes termos: "por **política** entenderemos, consequentemente, o conjunto dos esforços feitos com vistas a participar do poder ou influenciar a divisão do poder, seja entre Estados, seja no interior do próprio Estado" (WEBER, 1967, p. 56). Já o **poder** é a capacidade de impor a própria vontade dentro de uma relação social. O conceito de poder deve ser distinguido do conceito de **dominação**, que significa a probabilidade de encontrar obediência a um determinado mandato. Weber busca analisar os fundamentos que tornam legítima a autoridade, ou ainda, as razões internas que justificam a dominação, que ele distingue segundo três tipos puros: dominação tradicional, dominação carismática e dominação legal.

Outra categoria fundamental da teoria política weberiana é o próprio conceito de Estado. Para defini-lo, não devemos partir das suas funções, dos seus fins ou ainda de seus supostos objetivos. Weber se afasta das definições de tipo teleológico para definir o Estado mediante os "meios" dos quais ele se utiliza para impor suas decisões. Assim temos que:

> Em nossa época, entretanto, devemos conceber o Estado contemporâneo como uma comunidade humana que, dentro dos limites de um determinado território – a noção de território corresponde a um dos elementos essenciais do Estado – reivindica o monopólio legítimo da violência física (WEBER, 1967, p. 56).

Conforme a descrição apresentada por Weber, "o desenvolvimento do Estado Moderno tem por ponto de partida o desejo do príncipe de expropriar os poderes privados independentes que, a par do seu, detém a força administrativa, isto é, todos os proprietários de meios de gestão, de recursos financeiros, de instrumentos militares e quaisquer espécies de bens suscetíveis de utilização para fins de caráter político" (WEBER, 1967, p. 61). Em resumo, o Estado nasceu de um lento processo pelo qual o rei conseguiu centralizar em suas mãos o exército, a administração financeira e o poder jurídico, unificando o território e limitando o poder dos senhores feudais. Como diz Weber, "o Estado moderno – e isto é de suma importância no plano dos conceitos – conseguiu [...] privar a direção administrativa, os funcionários e trabalhadores burocráticos de quaisquer meios de gestão" (WEBER, 1967, p. 62).

É justamente este processo, segundo a descrição weberiana, que faz nascer os principais **atores** da política moderna: os políticos profissionais e a burocracia estatal: "a evolução conduz, assim, a uma divisão dos funcionários em duas categorias: de um lado, os funcionários de carreira e, de outro, os funcionários políticos" (WEBER, 1967, p. 73). Os políticos seriam para ele aqueles indivíduos que se colocaram a serviço do príncipe em sua luta contra os senhores feudais. Entre os exemplos citados por Weber estão os clérigos, os letrados com formação humanística, a nobreza da corte, o patriciado (pequena nobreza) e, principalmente, os juristas. De outro lado estão os funcionários de carreira, especialmente no domínio militar, jurídico e financeiro. Eles são os principais suportes históricos da burocracia estatal.

4.3.2. Sociologia da Dominação

O eixo fundamental da sociologia política weberiana é sua análise dos tipos puros de dominação que são ricamente descritos no livro *Economia e Sociedade*. A transição do tipo carismático para o tipo tradicional ou legal de poder representa o cerne da análise weberiana da racionalização do poder político.

Analisando-se os tipos de dominação de forma individualizada, podemos ver que eles diferem ainda em relação a dois aspectos: 1) seu princípio de legitimação (que pode ser pessoal ou impessoal, além de ordinário (rotineiro) ou extraordinário) e, 2) seu aparato administrativo:

Tipos de dominação

Estrutura	Princípios de legitimação			
	Extraordinário		Rotineiro	
	Pessoal	Impessoal	Pessoal	Impessoal
Simples (sem quadro administrativo)	*Carisma genuíno* (relações carismáticas)	*Dominação carismática:* Movimentos carismáticos	*Dominação tradicional:* patrimonialismo e gerontocracia	*Dominação Legal:* Democracia direta e governo de notáveis
Complexa (com quadro administrativo)	*Carisma genuíno* (Comunidades Carismáticas)	*Dominação carismática* (Dinastias, linhagens, carisma de ofício)	*Dominação tradicional:* Sultanismo e dominação estamental	*Dominação Legal:* Democracia plebiscitária e Estado Burocrático

a) Dominação legal

A dominação de caráter racional está "baseada na crença na legitimidade das ordens estatuídas e do direito de mando daqueles que, em virtude dessas ordens, estão nomeados para exercer a dominação (dominação legal)" (WEBER, 1994, p.141). Do ponto de vista de seu aparato institucional, "o tipo mais puro de dominação legal é aquele que se exerce por meio de um *quadro adiministrativo burocrático*" (idem, p.144). Portanto, em Weber existe uma das mais cuidadosas análises do fenômeno da organização burocrática. Ao analisar as estruturas burocráticas da sociedade, Weber busca suas origens históricas (Egito, Principado Romano, Estado Bizantino, Igreja Católica, China, Estados europeus modernos e grandes empresas capitalistas modernas). Além disso, ele analisa suas vantagens, suas tarefas, sua relação com o direito, os meios de administração e muitos outros aspectos. Para Weber, a burocratização atinge todas as esferas da vida social, não apenas o Estado. De acordo com o autor:

> A burocracia moderna funciona da seguinte forma específica:
>
> 1) Rege o princípio de áreas de jurisdição fixas e oficiais, ordenadas de acordo com regulamentos, ou seja, por leis ou por normas administrativas;
>
> 2) Os princípios da hierarquia dos postos e níveis de autoridades significam um sistema firmemente ordenado de mando e subordinação, no qual há uma supervisão dos postos inferiores pelos superiores;

3) A administração de um cargo moderno se baseia em documentos escritos (os arquivos), preservados em sua forma original ou em esboço;

4) A administração burocrática [...] supõe um treinamento especializado e completo;

5) A atividade oficial exige a plena capacidade de trabalho do funcionário, sendo o tempo e a permanência na repartição delimitados;

6) O desempenho do cargo segue regras gerais, mais ou menos estáveis ou exaustivas, e que podem ser aprendidas (WEBER, 1982, p. 229-232).

Segundo Max Weber, o crescimento do Estado e a complexidade dos problemas que este tem de resolver coloca sérios entraves para a prática da *democracia direta*, pois distancia o cidadão das decisões fundamentais. Em termos globais, a estrutura da dominação burocrática pode ser vislumbrada abaixo:

1. Legitimação	Princípio da legalidade
2. Organização	
A. Divisão de poderes	Constitucional: delimitação de competências
B. Liderança	Organismos: líderes políticos, notáveis ou políticos profissionais
C. Aparato administrativo	Funcionário
a) Estrutura	Hierarquia de competências
b) Definição do ofício	Ofício como direito impessoal (separação entre ofício e esfera privada)
c) Formas de recrutamento	Conhecimento especializado
d) Bases sociais	Classes aquisitivas e grupos de status
D. Dominados	Cidadãos
3. Relação com a ordem cotidiana	Ordinária
4. Base econômica	Economia de mercado

b) Dominação tradicional

De acordo com a definição weberiana (WEBER, 1994, p.148), existe "uma dominação *tradicional* quando sua legitimidade repousa na crença na santidade de ordens e poderes senhoriais tradicionais (existentes desde sempre)". As formas tradicionais de dominação podem existir sem a existência de um quadro administrativo. Neste caso ele pode ser uma *gerontocracia* (ou seja, o poder de mando cabe aos mais velhos) ou mesmo uma forma de *patriarcalismo* (quando a dominação é exercida por um líder escolhido pela associação política). No entanto, com o surgimento de um quadro administrativo, as formas específicas de dominação tradicional se alteram. Temos, então, diferentes configurações:

patrimonialismo: toda dominação que, originariamente orientada pela tradição, se exerce em virtude de pleno direito pessoal (ou seja, o direito de mando é apropriado pelo senhor)

sultanismo: o poder de mando é direito pessoal do senhor, mas ele está livre das regras da tradição. Seu poder é inteiramente arbitrário.

Dominação estamental: neste caso, os poderes de mando (ou instrumentos de coeção e exercício do poder) e suas vantagens econômicas são de propriedade do quadro administrativo. Portanto, há uma relação de dependência e compromisso entre o senhor e seu quadro administrativo.

Feudalismo: para Weber este fenômeno tem um significado político e não econômico. Trata-se de um tipo de dominação que, a rigor, não é tradicional, pois difere tanto do patrimonialismo quanto do carismatismo. Em sua visão, podemos distinguir o feudalismo ocidental do feudalismo oriental (prebendalismo). Na forma de um esquema, temos que:

1. Legitimação	Princípio da lealdade
2. Organização	
A. Divisão de poderes	Estamental
B. Liderança	Portadores de privilégios: reis, príncipes, senhores de terra, patrícios, notáveis
C. Aparato administrativo	Servo
a) Estrutura	Hierarquia de privilégios e pessoas
b) Definição do ofício	Ofício como direito pessoal: unidade de esfera administrativa e privada
c) Formas de recrutamento	Nascimento, honra, propriedade
d) Bases sociais	Camadas hereditárias e proprietárias

D. Dominados	Membros tradicionais
3. Relação com a ordem cotidiana	Ordinária
4. Base econômica	Economia voltada para satisfação de necessidades

c) Dominação carismática

O termo "*carisma*" remete a uma qualidade pessoal considerada extracotidiana em virtude da qual uma pessoa exerce a função de líder (mágicos, profetas, guerreiros, demagosos, chefes de partido, etc.). Portanto, na dominação carismática a vigência da legitimidade está "baseada na veneração extracotidiana da santidade, do poder heróico ou de caráter exemplar de uma pessoa e das ordens por esta reveladas ou criadas" (WEBER, 1994, p.141). Nesta forma dominação os indivíduos seguem o líder como adeptos (comunidade de caráter emocional) e o quadro administrativo não é composto de funcionários profissionais, mas de discípulos (profetas), séquitos (guerreiros) ou homens de confiança (líderes).

Por um lado, Weber considera que o carisma é a grande força revolucionária da história, mas o caráter irracional e extracotidiano desta forma de dominação traz o problema da *rotinização do carisma*, ou seja, sua transformação em um poder permanente. Dentre os mecanismos de sucessão do poder, encontram-se a escolha nova (em virtude dos carismas), a revelação, a designação pelo quadro administrativo, a ideia de que o carisma é uma qualidade do sangue ou ainda pela ideia de que o carisma esteja ligado ao exercício de um cargo. Dentre as formas de dominação carismática, Weber nomeou ainda a democracia plebiscitária, que ele definiu da seguinte forma: "O tipo transitório mais importante é a *dominação plebiscitária*. A maioria de seus tipos é encontrada nas 'lideranças de partido', no Estado Moderno. Mas sempre existe quando o senhor se sente legitimado como homem de confiança das *massas* e é reconhecido como tal. O meio mais adequado para isso é o plebiscito" (WEBER, 1994, p. 176). Em síntese, temos que:

1. Legitimação	Missão, Envio
2. Organização	
A. Divisão de poderes	Nenhuma
B. Liderança	*Usurpador*: herói de guerra, profeta, demagogo (nem eleito, nem nomeado, mas aclamado)

C. Aparato administrativo	*Discípulos, seguidores, homens de confiança*
a) Estrutura	Ad hoc e de acordo com as competências concretas dos discípulos
b) Definição do ofício	Ofício como chamado: sem apropriação dos meios administrativos como prebenda ou benefícios, sem remuneração fixa, unidade entre esfera privada e esfera administrativa
c) Formas de recrutamento	Inspiração carismática
d) Bases sociais	*Elites* Comunidade fraternal dos virtuosos
D. Dominados	*Discípulos*
3. Relação com a ordem cotidiana	*Indiferente*: anseio pela independência da ordem econômica
4. Base econômica	Abastecimento através do recebimento de doações ou saque

Referências

a) Obras e textos de Max Weber

COHN, Gabriel (org.). **Weber**. 5. ed. São Paulo: Ática, 1991 [Coleção Grandes Cientistas Sociais, n. 13].

WEBER, Max. **Estudos políticos**: Rússia 1905 e 1917. Rio de Janeiro: Azougue, 2005.

______. **A ética protestante e o "espírito" do capitalismo**. São Paulo: Cia. das Letras, 2004.

______. **Conceitos básicos de sociologia**. São Paulo: Centauro, 2002.

______. **Economia e sociedade** – Fundamentos da sociologia compreensiva. Vol. 2. Brasília: UnB, 1999.

______. **A ética protestante e o espírito do capitalismo**. 11. ed. São Paulo: Pioneira, 1996.

______. **Os fundamentos racionais e sociológicos da música**. São Paulo: Edusp, 1995.

______. **Economia e sociedade**: fundamentos da sociologia compreensiva. Vol. 1. 3. ed. Brasília: UnB, 1994.

______. **História agrária romana**. São Paulo: Martins Fontes, 1994.

______. Conferência sobre o socialismo. In: FRIDMAN, Luiz Carlos. **Émile Durkheim, Max Weber**: o socialismo. Rio de Janeiro: Relumé-Dumará, 1993, p. 85-128.

______. **Parlamento e governo na Alemanha reordenada** – Crítica política da burocracia e da natureza dos partidos políticos. Petrópolis: Vozes, 1993.

______. **Metodologia das ciências sociais**. 2 vols. São Paulo: Cortez, 1992.

______. **Sobre a teoria das ciências sociais**. São Paulo: Moraes, 1991 [Tradução: Rubens Eduardo Frias].

______. **Ensayos sobre sociologia de la religión**. 3 vols. Madri: Taurus, 1984.

______. **Ensaios de sociologia**. 5. ed. Rio de Janeiro: Guanabara, 1982.

______. **Os pensadores**. 2. ed. São Paulo: Nova Abril, 1980.

______. **História geral da economia**. São Paulo: Mestre Jou, 1968.

______. **Ciência e política**: duas vocações. São Paulo: Cultrix, 1967.

b) Sociologia alemã

FROIDEVAUX, Camille. **Ernst Troeltsch, la religion chrétienne et le monde moderne**. Paris: PUF, 1999.

MIRANDA, Orlando (org.). **Para ler Ferdinand Tönnies**. São Paulo: Edusp, 1995.

MORAES FILHO, Evaristo de (org.). **Simmel**. São Paulo: Ática, 1983 [Coleção Grandes Cientistas Sociais, n. 34].

RINGER, Fritz. **O declínio dos mandarins alemães**. São Paulo: Edusp, 2000.

SÉGUY, Jean. **Christianisme et societé** – Introduction à la sociologie de Ernst Troeltsch. Paris: Du Cerf, 1980.

SIMMEL, Georg. **O fenômeno urbano**. 4. ed. Rio de Janeiro: Zahar, 1979.

SOUZA, Jessé & OËLZE, Berthold (orgs.). **Simmel e a modernidade**. Brasília: UnB, 1998.

TROELTSCH, Ernst. **Protestantisme et modernité**. Paris: Gallimard, 1991.

______. **The social teaching of the christian churches**. Nova York: Macmillan, 1931.

VERMEIL, Edmond. **La pensée religieuse de Troeltsch**. Genebra: Labor et Fides, 1990.

VILLAS-BOAS, Gláucia. Ascese x prazer: Weber x Sombardt. **Lua Nova**, n. 52, 2001, p. 173-196.

WAIZBORT, Leopoldo. **As aventuras de Georg Simmel**. São Paulo: Ed. 34, 2000.

c) Obras e textos sobre Weber

AMORIM, Aluízio Bezerra de. **Elementos de sociologia do direito em Max Weber**. Florianópolis: Insular, 2001.

ARGÜELLO, Katie. **Direito e política em Max Weber**. São Paulo: Acadêmica, 1997.

ASCHARAFT, Richard. A análise do liberalismo em Weber e Marx. In: COHN, Gabriel. **Sociologia**: para ler os clássicos. Rio de Janeiro: Livros Técnicos e Científicos, 1977, p. 186-239.

BELLAMY, Richard. Alemanha: liberalismo desencantado. In: **Liberalismo e sociedade moderna**. São Paulo: Unesp, 1994, p. 279-382.

BENDIX, Reinhard. **Max Weber**: um perfil intelectual. Brasília: UnB, 1986.

BOBBIO, Norberto. Max Weber, o poder e os clássicos. In: **Teoria geral da política** – A filosofia política e as lições dos clássicos. Rio de Janeiro: Campus, 2000, p. 130-155.

BOURDIEU, Pierre. Apêndice 1: uma interpretação da teoria da religião de Max Weber. In: **A economia das trocas simbólicas**. 5. ed. São Paulo: Perspectiva, 1992, p. 79-88.

CHACON, Vamireh. **Max Weber**: a crise da ciência e da política. Rio de Janeiro: Forense, 1988.

CARVALHO, Aloísio Bezerra de. **Max Weber**: modernidade, ciência e educação. Petrópolis: Vozes, 2005.

______. **Educação e liberdade em Max Weber**. Ijuí: Unijuí, 2004.

COELHO, Maria F. Pinheiro (org.). **Política, ciência e cultura em Max Weber**. Brasília: UnB, 2000.

COHN, Gabriel. **Crítica e resignação**: fundamentos da sociologia de Max Weber. São Paulo: Queiroz, 1979.

COLLIOT-THÉLENE, C. **Max Weber e a história**. São Paulo: Brasiliense, 1995.

DIGGINS, J.P. **Max Weber, a política e o espírito da tragédia**. Rio de Janeiro: Record, 1989.

DREIFUSS, René Armand. **Política, poder, Estado e força**: uma leitura de Weber. Petrópolis: Vozes, 1993.

FLEISCHMANN, Eugéne. Weber e Nietzsche. In: COHN, Gabriel. **Sociologia**: para ler os clássicos. Rio de Janeiro: Livros Técnicos e Científicos, 1977, p. 136-185.

FREUND, Julien. **Sociologia de Max Weber**. Rio de Janeiro: Forense, 1987.

GERTZ, René E. (org.). **Max Weber e Karl Marx**. São Paulo: Hucitec, 1994.

GYDDENS, Anthony. Política e sociologia no pensamento de Max Weber. In: **Política, sociologia e teoria social**: encontros com o pensamento clássico e contemporâneo. São Paulo: Unesp, 1998, p. 25-72.

______. Marx, Weber e o desenvolvimento do capitalismo. In: **Política, sociologia e teoria social**: encontros com o pensamento clássico e contemporâneo. São Paulo: Unesp, 1998, p. 73-102.

HABERMAS, Jürgen. La teoría de la racionalización de Max Weber. In: **Teoria de la acción comunicativa**. Tomo I. Madri: Taurus, 1987, p. 197-350.

JASPERS, Karl. Método e visão do mundo em Weber. In: COHN, Gabriel: **Sociologia**: para ler os clássicos. Rio de Janeiro: Livros Técnicos e Científicos, 1977, p. 121-135.

MacRAE, Donald. **As ideias de Max Weber**. São Paulo: Cultrix, 1988.

MAYER, Jacob Peter. **Max Weber e a política alemã**: um estudo de sociologia política. Brasília: UnB, 1985.

MERQUIOR, José Guilherme. **Rousseau e Weber**: dois estudos sobre a teoria da legitimidade. Rio de Janeiro: Guanabara, 1980.

MOMMSEN, Wolfgang J. **Max Weber, sociedad, política e história**. Buenos Aires: Alfa, 1981.

NOBRE, Renarde Freire. **Perspectivas da razão**: Nietzsche, Weber e o conhecimento. Belo Horizonte: Argumentum, 2004.

PIERUCCI, Antonio Flávio. **O desencantamento do mundo**: todos os passos do conceito em Max Weber. São Paulo: Ed. 34, 2003.

RINGER, Fritz. K. **A metodologia de Max Weber**: unificação das ciências culturais e sociais. São Paulo: Edusp, 2004.

SAINT-PIERRE, Héctor L. **Max Weber**: entre a paixão e a razão. 2. ed. Campinas: Unicamp, 1994.

SCHLUCHTER, Wolfgang. **Grundlegungen der Soziologie**. Tübingen: Mohr Siebeck, 2010, vol.1

______. **Die Entzauberung der Welt**. Tübingen: Mohr Siebeck, 2009.

______. **The rise of Western rationalism**: Max Weber's developmental history. Berkeley: California Press, 1985.

SELL, Carlos Eduardo. **Max Weber e a racionalização a vida**. Petrópolis: Vozes, 2013.

SENEDA, Marcos César. **Max Weber e o problema da evidência e da validade nas ciências humanas**. Campinas: Unicamp, 2008.

SOUZA, Jessé. **Patologias da modernidade**: um diálogo entre Habermas e Weber. Rio de Janeiro: Anablume, 1997.

SOUZA, Jessé (org.). **O malandro e o protestante**: a tese weberiana e a singularidade cultural brasileira. Brasília: UnB, 2002.

______. **A atualidade de Max Weber**. Brasília: UnB, 2000.

SWEDBERG, Richard. **Max Weber e a ideia de sociologia econômica**. Rio de Janeiro: UFRJ, 2005.

TENBRUCH, Friedrich. The problem of thematic unity in the works of Max Weber. In: **British Journal of Socioloy**, 31 (3), 1980, p. 316-351.

TRAGTEMBERG, Maurício. **Burocracia e ideologia**. 2. ed. São Paulo: Ática, 1992.

WEBER, Marianne. **Weber**: uma biografia. Niterói: Casa Jorge, 2003.

Capítulo V
Sociologia clássica: análise crítico-comparativa

Se os capítulos anteriores tiveram um papel essencialmente descritivo, este capítulo buscará efetuar uma discussão crítico-comparativa. Colocaremos os autores em relação entre si, visando avaliar os valores e limites de suas obras. Para realizar este intento, nos serviremos do esquema que orientou a apresentação dos autores aqui trabalhados, a saber:

- Teoria sociológica;
- Teoria da modernidade;
- Teoria política.

1. Para que clássicos?

"A sociologia clássica ficou para trás [...]", afirma Wieviorka (2006, p. 37) em texto no qual discute o estado atual da disciplina. Se for assim, por que a sociologia é tão apegada a seu passado? Qual é a real importância de autores como Marx, Durkheim e Weber no quadro desta ciência? Trata-se de um valor histórico que ajuda a compreender o processo de formação desta ciência ou estes autores ainda são basilares para entender a sociedade atual? Eles têm apenas um valor didático ou realmente são importantes para a compreensão da vida social moderna? Estas perguntas não são apenas questões de alunos iniciantes ou mesmo um assunto secundário para esta disciplina. A história das teorias sociológicas provoca ainda hoje as mais agudas controvérsias.

Para uma *visão positivista* da ciência, como a de Robert Merton, o apego da sociologia aos seus autores de fundação é sinal de imaturidade científica. Isto significa que a sociologia ainda não teria chegado ao patamar de ciência estabelecida, como seria o caso da física, da biologia ou mesmo da ciência econômica. Neste tipo de ciência, os estudiosos não dão tanta importância à história e partem de um conjunto de premissas que são aceitos por todos. Apesar das suas divisões internas, os físicos se pautam pelas leis newtonianas, pela teoria da relatividade e da mecânica quântica, mas não ficam estudando as ideias de Bacon, Newton, etc. Entre os biólogos a figura de Charles Darwin é respeitada, e nem por isso esta ciência faz estudos longos e cuidadosos de suas obras. E, para citar um exemplo do âmbito das humanidades, a economia é uma ciência que repousa sobre os estudos da microeconomia e da macroeconomia e, apesar da importância de Adam Smith e John M.

Keynes, ela não se pauta por um estudo histórico de seus textos. A conclusão dos estudiosos positivistas é que a sociologia ainda não conseguiu elaborar pressupostos seguros e definitivos e, enquanto isto perdurar, os sociólogos continuarão a buscar apoio em autores isolados para sustentar suas posições. No entanto, a fraqueza desta posição é que ela parte da convicção de que as ciências sociais podem pautar-se pelos mesmos procedimentos das ciências exatas, o que permanece em discussão.

Já os defensores da atualidade dos clássicos da sociologia sustentam seu posicionamento em razões de ordem histórica e teórica.

Do *ponto de vista histórico*, argumenta-se que as ideias dos fundadores da sociologia foram retomadas/desenvolvidas e ampliadas por outros autores dando origem a diferentes correntes de pensamento que dominaram o debate sociológico, pelo menos, até o final dos anos 70. Estas diferentes linhas de pensamento são as seguintes:

PARADIGMA POSITIVISTA/FUNCIONALISTA		
ETAPAS	AUTOR	TEORIA
1) Origem	Augusto Comte	Positivismo
	Émile Durkheim	Funcionalismo
2) Desenvolvimento	Robert Merton	Análise funcional
	Talcott Parsons	Estrutural-Funcionalismo
	Niklas Luhmann	Teoria Sistêmica
	Jeffrey Alexander Richard Münch	Neofuncionalismo

PARADIGMA COMPREENSIVO/HERMENÊUTICO		
ETAPAS	AUTOR	TEORIA
1) Origem	Max Weber	Teoria Compreensiva
2) Desenvolvimento	Alfred Schütz	Teoria Fenomenológica
	Max Scheler	
	Peter Berger/Thomas Luckmann	

PARADIGMA DIALÉTICO/MARXISTA		
ETAPAS	AUTOR	TEORIA
1) Origem	Karl Marx	Materialismo Histórico
2) Desenvolvimento	Eduard Bernstein/Karl Kautsky	Marxismo Revisionista
	Lenin/Trótski/Stalin	Marxismo-Leninismo
	Lukács/Horkheimer/Adorno/ Marcuse/Benjamin/Fromm	Marxismo Ocidental

Apesar da validade desta constatação, o fato é que o cenário teórico da sociologia é muito mais variado e complexo do que o esquema acima. Ao longo de sua história, os sociólogos elaboraram as mais diferentes posturas teóricas que se diferenciam de acordo com as tradições nacionais de pesquisa. A fixação em apenas três autores obscurece esta diversidade e o quadro acima nem de longe retrata a fragmentação e heterogeneidade teórica que sempre permeou a sociologia. Resta, também, o fato de que nas últimas décadas este cenário se tornou ainda mais plural, pois os sociólogos passaram a defender a necessidade de uma radical superação e revisão do quadro teórico construído pela sociologia até agora.

Porém, mais do que argumentos de ordem histórica, afirma-se, há também razões teóricas que tornam o estudo dos clássicos imprescindível. Para os partidários da *visão hermenêutica*, nas ciências humanas e sociais as obras do passado possuem um valor muito maior do que nas ciências naturais. Esta é, por exemplo, a posição defendida por Bobbio (2000, p. 130-131), quando afirma que:

> Considero clássico um escritor ao qual possamos atribuir três características:
>
> a) seja considerado intérprete autêntico e único do seu próprio tempo, cuja obra seja utilizada como instrumento indispensável para compreendê-lo;
>
> b) seja sempre atual, de modo que cada época, ou mesmo cada geração, sinta a necessidade de relê-lo e, relendo-o, de reinterpretá-lo;
>
> c) tenha construído teorias-modelo das quais nos servimos continuamente para compreender a realidade, até mesmo uma realidade diferente daquela a partir da qual as tenha derivado e à qual as tenha aplicado, e que se tornaram, ao longo dos anos, verdadeiras e próprias categorias mentais.

Outro autor importante neste debate é Jeffrey Alexander (1989, p. 23-90) para quem os chamados clássicos também possuem uma "função hermenêutica". O fato de que na sociologia existem autores de referência evita que os sociólogos percam-se em suas pesquisas particulares (pobreza, migração, família, etc.) e possuam um terreno comum de compreensão e discussão. É a referência à teoria geral (aí incluídos os clássicos) que confere unidade ao campo sociológico.

Apesar da validade destes argumentos, a importância teórica e histórica dos pais fundadores da sociologia e de seu cânon consagrado – Marx, Durkheim e Weber – não pode ser entendida como sinônimo de atemporalidade e eternidade de suas teorias. Esta visão antiquária e monumentalista, como diria Friedrich Nietzsche (2000), exclui a possibilidade de uma atitude crítica em relação às suas teorias. Se estes autores fossem tomados como eternos, a sociologia seria vítima de um fatal anacronismo. É de uma leitura anacrônica que nasce: 1) o erro de uma leitura descontextualizada dos autores do passado que ignora as diferenças intelectuais e sociais entre eras distintas e, ao mesmo tempo, 2) uma interpretação equivocada do presente quando feita com instrumentos intelectuais congelados no tempo. Os clássicos da sociologia devem ser vistos como modelos paradigmáticos que nos permitam entender os procedimentos e problemas que envolvem esta disciplina. É a partir deste entendimento que podemos dimensionar as contribuições ainda relevantes dos autores que pertencem à tradição de uma ciência. É justamente este difícil exercício de reflexão crítica que estamos propondo neste último capítulo.

2. Sociologia pós-clássica

Para contextualizar adequadamente as obras clássicas da sociologia precisamos compreendê-las à luz da gênese e das transformações contemporâneas da modernidade.

O termo **modernidade** pode ser descrito, hoje, como um dos termos essenciais da sociologia. Sob certo aspecto, ele substitui conceitos que também já nortearam a ciência do social, como "capitalismo" ou "sociedade industrial" (*Adorno*, 1994, p. 62-75). Por esta razão, os sentidos dados à categoria modernidade são muito variados. Não obstante, a noção que permeia a maioria das definições poderia ser traduzida na seguinte proposição: a modernidade é um projeto de organização da sociedade a partir do esforço racional de construção humana. O eixo da modernidade na sua dimensão econômica, política ou cultural é a organização da vida social a partir de um novo princípio: a "razão". É este aspecto que define a era moderna, como traduz Kant (1985, p. 03) no texto intitulado "O que é a ilustração":

> A ilustração (*Aufklärung*) é a saída do homem de sua minoridade, da qual ele é o próprio culpado. A menoridade é a incapacidade de fazer uso do entendimento sem a condução de um outro. O homem é o próprio culpado dessa minoridade quando sua causa reside não na falta de entendimento, mas na falta de resolução e coragem para usá-lo sem a condução de um outro. *Sapere aude*! Tenha a coragem de usar seu próprio entendimento! – esse é o lema da ilustração.

Porém, se o projeto da modernidade foi gestado e implementado ao longo da era moderna (séculos XV a XIX), a partir do século XX, o sonho de produzir a emancipação humana a partir da razão começa a ser questionado. Fenômenos sociais como as duas grandes guerras, o holocausto, os crimes do comunismo e mesmo a crise ambiental, acompanhados pelo questionamento teórico de filósofos como Friedrich Nietszche (1844-1900) e Martin Heidegger (1889-1976), ou mesmo da chamada Escola de Frankfurt (Adorno e Horkheimer), entre outros, começam a mostrar também o lado regressivo e negativo da razão.

Diante deste contexto, teóricos sociais e filósofos contemporâneos como Jean François Lyotard (1988), Jacques Derrida (1973), Michel Foucault (1988), Gianni Vattimo (1996), Boaventura de Souza Santos (1997), Zigmunt Bauman (1999), Michel Maffesoli (2006) e outros apontam para o esgotamento da modernidade. Diante do fracasso do projeto da razão iluminista para construir uma sociedade supostamente livre e emancipada eles decretaram o fim da era moderna. Esta visão radicalmente crítica a respeito da modernidade é intitulada **pós-modernidade**.

Apesar de aceitarem a crítica aos limites da razão ocidental, encarnada na ciência e na técnica, teóricos sociais como Jürgen Habermas (1985), Anthony Giddens (1991), Ulrich Beck (1997), Alain Touraine (1995) e outros discordam deste ponto de vista. Nesta perspectiva, o processo de autoquestionamento da modernidade não indica que nos deslocamos para além do horizonte moderno. As transformações da modernidade não conduzem ao seu fim, mas a uma relação mais crítica e consciente dos limites e riscos do projeto racionalista moderno. Estes autores preferem falar de uma **segunda modernidade**, ou, para usar termos similares, modernidade tardia, alta modernidade, modernização reflexiva e outros mais.

Todo este debate nos ajuda a lançar uma nova luz no estudo dos clássicos da sociologia. O que esta discussão nos indica é que os pais fundadores da sociologia pertencem ao horizonte da chamada "primeira modernidade", ou seja, ao momento de gênese e institucionalização do projeto moderno. O debate sobre o caráter atual da modernidade lança questionamentos profundos sobre a atualidade e importância dos chamados clássicos da sociologia. Afinal, se estamos em uma fase pós-moderna, a contribuição destes autores para entender a era social atual fica fortemente reduzida. E, mesmo que ainda estejamos na continuidade transformada da ordem social moderna, a capacidade analítica dos pais fundadores para entender o momento atual precisa ser repensada e avaliada.

3. Teoria sociológica

É à luz dos debates e problemas contemporâneos da sociologia que podemos avaliar a validade e os limites da produção dos autores consagrados da ciência sociológica. Comecemos, pois, esta tarefa pela discussão crítica da primeira dimensão de suas obras: suas interpretações sobre os fundamentos e o caráter da sociologia enquanto ciência.

3.1. Epistemologia

A epistemologia é o ramo da filosofia que trata dos fundamentos do conhecimento em geral, e da ciência em particular. O estudo da epistemologia sociológica nos permite (1) mostrar quais são os princípios filosóficos que servem de fundamento para cada teoria sociológica e (2) esclarecer como estes princípios filosóficos influenciam e condicionam as propostas teóricas da sociologia. Nos capítulos anteriores já destacamos o fato de que os diferentes pressupostos filosóficos adotados pelos clássicos da sociologia fizeram com que suas teorias adotassem posicionamentos diferentes sobre (1) como se dá a relação entre indivíduo e sociedade e sobre (2) qual o modelo de método científico que a sociologia deveria adotar na explicação dos fenômenos sociais. É o que podemos perceber claramente, comparando as posições de Marx, Durkheim e Weber sobre estas questões:

EPISTEMOLOGIA MARXISTA/DIALÉTICA	
Primado do devir (Dialética/Hegel)	Holismo metodológico
	Dialética como lei de evolução da natureza e da sociedade

EPISTEMOLOGIA POSITIVISTA/NATURALISTA	
Primado do objeto (Positivismo/Comte)	Holismo metodológico
	Unidade das ciências naturais e sociais

EPISTEMOLOGIA WEBERIANA/HERMENÊUTICA	
Primado do sujeito (Neokantismo/Kant)	Individualismo metodológico
	Dualidade das ciências naturais e sociais

A **epistemologia marxista** tem como eixo central o método dialético herdado por Marx de Hegel. No entanto, a ideia de utilizar o método dialético para o estudo da natureza (que começou com Engels) abriu caminho para uma variante de "positivismo marxista" que também adotou o pressuposto de que a natureza e a sociedade são realidades semelhantes, movidas por forças que independem da vontade humana. A dialética, neste caso, seria um tipo de lei que explicaria por si mesma os rumos da natureza, da sociedade e da história.

Por outro lado, há autores que ressaltam que o elemento essencial do marxismo é justamente sua forma de explicar a realidade social (e não a realidade científico-natural). Para o principal representante desta teoria, Georg Lukács, a dialética é o elemento fundamental da epistemologia sociológica marxista, pois "o marxismo ortodoxo não significa, pois, adesão acrítica aos resultados da pesquisa de Marx [...]. A ortodoxia, em matéria de marxismo, refere-se, ao contrário, exclusivamente ao método" (1992, p. 60). Para Lukács, o conceito que melhor traduz a novidade metodológica da noção de dialética no estudo dos fenômenos sociais é o conceito de totalidade. O conceito de totalidade tem origem na célebre afirmação de Marx de que "o concreto é concreto porque é a síntese de várias determinações" (1978, p. 116). Desta forma, o marxismo reconhece que a realidade é resultado da práxis social dos indivíduos e das múltiplas estruturas por eles criadas. Não obstante, a adoção do conceito de "totalidade" confere uma orientação fortemente estruturalista (ou holista) ao pensamento marxista.

Na **epistemologia positivista**, parte-se do princípio filosófico de que a explicação da realidade está condicionada pelo objeto. O positivismo tem suas raízes na concepção empirista do conhecimento que é entendido como fruto das experiências que a própria realidade vai imprimindo no sujeito.

Do ponto de vista filosófico, a sociologia positivista pode ser caracterizada como uma abordagem *empirista* ou *naturalista* da realidade social. Nesta concepção teórica, a sociedade tem a mesma dinâmica de funcionamento da natureza: é concebida como algo objetivo que tem suas próprias leis de funcionamento. Esse pressuposto determina o tipo de método científico defendido por esta vertente sociológica. Como a sociedade é vista da mesma forma que a natureza (que tem uma existência independente da ação dos indivíduos), o positivismo postula que o método sociológico deve proceder a partir dos mesmos princípios das ciências científico-naturais. Os teóricos do positivismo advogam a unidade do método científico e, por isso, toda e qualquer ciência, inclusive a sociologia, deveria chegar a estabelecer um sistema de leis e teorias que nos forneçam uma explicação sobre o comportamento dos indivíduos e o funcionamento da própria sociedade.

A **epistemologia weberiana**, ao contrário do positivismo, sustenta que o sujeito é o principal responsável pela elaboração do processo de conhecimento. Esta concepção filosófica tem suas origens em Kant, que afirmava que o sujeito tem o papel de ordenar os dados da experiência segundo categorias lógicas que são inatas (e por isso são chamadas *a priori*, ou seja, independem da experiência) ao intelecto.

Do ponto de vista filosófico, podemos caracterizar a sociologia weberiana como uma abordagem *hermenêutica* ou *fenomenológica* da realidade social. Para os teóricos da sociologia weberiana, a sociedade não pode ser concebida como algo exterior ao homem, cujo funcionamento independe de sua ação. A vida social e suas instituições são frutos da ação dos sujeitos sociais. Por isso, o ponto de partida da análise sociológica é o indivíduo. Como consequência, a sociologia deve adotar um método próprio, distinto das ciências científico-naturais. Ora, se a vida social e suas instituições são os resultados da ação dos sujeitos sociais, o papel do sociólogo consiste em compreender (*Verstehen*) o significado ou o sentido conferido por este sujeito as suas condutas e à estrutura social. Embora Max Weber sempre tenha frisado a importância dos procedimentos de tipo causal (*Erklären*) é a ênfase na necessidade de "compreender" e "interpretar" o significado das condutas individuais e coletivas que confere à epistemologia weberiana o seu caráter hermenêutico (a hermenêutica, em filosofia, trata da interpretação) e fenomenológico (ou seja, ligada ao modo como o sujeito percebe a realidade).

O que se pode perceber deste debate é que, na sua fase clássica, a sociologia esteve envolvida em uma forte disputa a respeito do caráter filosófico das ciências histórico-sociais ou humanas. Enquanto o positivismo e o marxismo (ainda que de forma distinta) postulavam a unidade do método científico (ciências naturais e ciências sociais possuem o mesmo estatuto epistemológico), a sociologia compreensiva colocou-se fortemente ao lado de uma postura dualista, destacando as diferenças entre as ciências naturais e as chamadas "ciências do espírito". Atualmente, os termos deste debate estão superados. De um lado, porque os partidários da unidade do método científico (chamados de pós-positivistas), especialmente Thomas Kuhn e Karl Popper, reconhecem o papel orientador que a teoria possui na interpretação dos dados empíricos. Neste sentido, tanto as ciências sociais quanto as ciências naturais são "hermenêuticas", ou seja, envolvem uma relação com significados e valores. Aliás, partindo-se deste pressuposto, afirma Anthony Giddens (1991), as ciências sociais seriam duplamente hermenêuticas, pois elas buscam a interpretação do significado de práticas que também são compreendidas pelos próprios atores sociais.

3.2. *Método*

A metodologia é o aspecto central da teoria sociológica. É através da determinação do objeto de estudo da sociologia e de seus procedimentos de pesquisa que os clássicos do pensamento social ajudaram a definir o que, ainda hoje, entendemos por sociologia. Comparando a definição de objeto material e objeto formal da sociologia de Marx, Durkheim e Weber, temos os seguintes métodos sociológicos:

MÉTODO	OBJETO MATERIAL	OBJETO FORMAL
Materialismo Histórico (Marx)	Produção Social	Infraestrutura e Superestrutura
Método Funcionalista (Durkheim)	Fato Social	Função Social
Método Compreensivo (Weber)	Ação Social	Compreensão e Explicação (*Verstehen e Erklären*)

Para **Karl Marx**, o eixo da compreensão da sociedade está na sua conhecida divisão da esfera social em duas realidades: a "infraestrutura e a superestrutura". De acordo com o autor, "o modo de produção da vida material condiciona o desenvolvimento da vida social, política e intelectual em geral". O método marxista de interpretação da realidade social está preocupado em entender as esferas da vida política e cultural da sociedade em sua relação e conexão com a esfera econômica. A dimensão do trabalho é considerada o "fator ontológico primário", pois é através dele que se realiza a produção da existência individual e coletiva. O argumento parte do princípio de que pensar a realidade política como isolada da esfera econômica, ou fazer o mesmo com a realidade da cultura (superestrutura ideológica, como diz Marx) significaria produzir uma visão distorcida da realidade. Sem negar a importância das outras esferas da vida social, Marx afirma que a esfera econômica é básica para a organização coletiva, pois, sem ela, a convivência social seria simplesmente impossível. Sem o processo coletivo de trabalho não haveria nem ser humano, nem coletividade, nem história.

Esta tese aponta para a importância e centralidade dos fatores econômicos na vida social, mas, aplicado de forma esquemática e absoluta, o materialismo histórico degenerou rapidamente na direção de um forte *determinismo econômico*. Além disso, a tese do materialismo histórico aproxima-se do positivismo na ênfase da estrutura como determinante sobre o comportamento individual. Ainda que Marx tivesse afirmado que "os homens fazem sua própria história, mas não a fazem como querem; não a fazem sob circunstâncias de sua escolha e sim sob aquelas com que se defrontam diretamente, legadas e transmitidas pelo passado", o fato é que, na visão marxista, são as estruturas econômicas, e não os indivíduos, que explicam os fenômenos sociais.

A metodologia funcionalista de **Durkheim** tem como categorias centrais os conceitos de "fato social" e "função social". O conceito de fato social procura entender as condutas humanas na sua regularidade e como determinadas pela estrutura da sociedade. Por esta razão, os fatos sociais têm a característica de serem exteriores e coercitivos. Por outro lado, a existência de determinados fatos sociais se explica pela sua funcionalidade para a preservação e a conservação da sociedade. Cada fato social existe porque cumpre uma função social.

A partir dos conceitos de "fato social" e de "função social" podemos perceber que a sociologia funcionalista adota uma concepção *estruturalista* da sociedade. Para esta concepção teórica é a sociedade que determina o comportamento dos indivíduos. Na visão funcionalista, o mundo social é visto sempre como algo objetivo, que tem suas próprias leis de funcionamento. O método sociológico deve mostrar como a sociedade é uma realidade estruturada que vai moldando a ação individual. Nesta perspectiva, portanto, existe uma ênfase unilateral na ação das estruturas sociais sobre a ação social, da coletividade sobre os indivíduos, ou ainda do todo sobre suas partes integrantes.

As categorias centrais da **metodologia sociológica weberiana** são os conceitos de "ação social", "compreensão" e "explicação". A ação social é sempre uma conduta referida a outro sujeito e ao qual está agregado um sentido que lhe é conferido pelo próprio sujeito da ação. Como a vida social é fruto da criação humana, cabe à sociologia captar e entender o significado das condutas sociais, das suas interações e das instituições sociais nas quais a ação humana está objetivada (leis, costumes, igreja, Estado, etc.). Estas ações também precisam ser explicadas causalmente, seja em relação as seus fatores de origem, seja em relação a seus efeitos. Esta é a essência da metodologia compreensiva-explicativa.

Com base nestes conceitos centrais, podemos afirmar que a sociologia weberiana adota uma concepção *individualista* de sociedade. Para os teóricos da sociologia compreensiva, a realidade social não pode ser concebida como algo exterior ao homem, cujo funcionamento independe de sua ação. Por esta razão, a análise weberiana entende que a sociedade tem como ponto de partida lógico a ação dos indivíduos. Nesta perspectiva, existe uma ênfase unilateral na ação dos indivíduos como determinantes das estruturas sociais, dos atores como construtores da coletividade, enfim, dos sujeitos como condicionantes do sistema social. Para seus principais críticos, enquanto as metodologias funcionalista e marxista só conseguem entender a influência das estruturas sobre o indivíduo, a fraqueza da metodologia compreensiva é que ela só estaria aparelhada para explicar a sociedade a partir da visão (ou sentido) de seus próprios membros integrantes.

Do ponto de vista metodológico, a sociologia clássica fixou algumas posições fundamentais que ainda hoje são adotadas por diversas correntes teóricas a respeito da relação entre indivíduo e sociedade ou agência e estrutura. Tal problema envolve a própria definição da sociologia como ciência e diz respeito ao modo como ela articula a relação entre o nível microssociológico e o nível macrossociológico na explicação dos fenômenos sociais. É o que explica o esquema abaixo:

Ao lidar com as relações entre o nível micro e o nível macro, a sociologia discute questões diferentes, que podem ser decompostas da seguinte maneira:

a) *Plano Macro > Micro ou Lógica da situação*: estuda os efeitos das estruturas sociais sobre a ação dos indivíduos (é o caso do conceito de "fato social" de Durkheim). A ênfase está na "situação" em que o indivíduo se encontra. Outro exemplo é o conceito de "classe social" (de Marx) e de como ele insere o indivíduo em certa condição social.

b) *Plano Micro > Micro ou Lógica da ação*: estuda as características da ação social e procura compreender como acontecem as interações e relações sociais (Georg Simmel e Max Weber privilegiaram o estudo deste tema).

c) *Plano Micro > Macro ou Lógica da transformação*: trata-se de explicar de que forma, a partir da ação, surgem estruturas coletivas. Tal problema foi contemplado por Weber através do seu conceito de "consequências não premeditadas da ação" (pois ele estudou como o espírito do capitalismo surgiu a partir da ação religiosa dos puritanos). As estruturas sociais, portanto, são resultados "transformados" dos efeitos agregados (conjuntos) das ações sociais.

d) *Plano Macro > Macro ou Lógica estrutural*: neste plano estudam-se os efeitos das instituições sobre si mesmas ou a dinâmica de funcionamento da sociedade entendida como um todo coletivo. A passagem do feudalismo para o capitalismo (conforme Marx) é um bom exemplo deste tipo de análise, pois trata-se de um estudo que procura explicar a transição entre dois sistemas econômicos.

Diante destas questões, podemos identificar duas posturas básicas na sociologia clássica:

1) **Holismo metodológico** (também conhecido como estruturalismo, estruturismo, coletivismo ou objetivismo): parte da premissa de que as condutas individuais são explicadas pelas estruturas ou pelo sistema social. Nesta posição encontram-se Marx e Durkheim. Do ponto de vista teórico, a posição holista pode ser representada como segue:

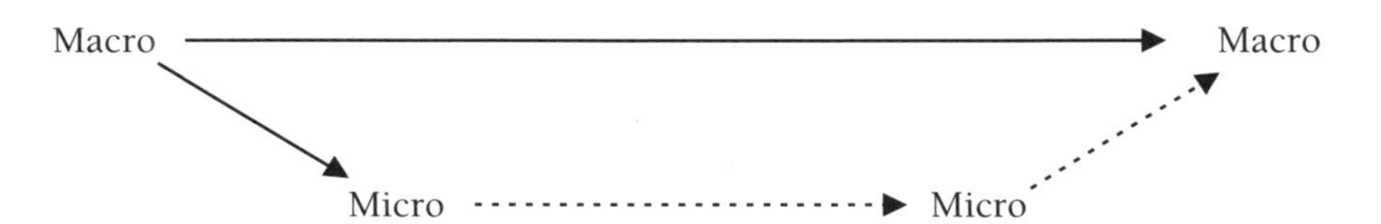

Observe que esta abordagem privilegia sempre o nível macro da análise, seja pensando os efeitos das estruturas (macro) sobre os agentes (micro), seja pensando os efeitos que as próprias instituições sociais têm sobre o conjunto da sociedade (macro sobre o macro). O holismo metodológico privilegia a problemática da "emergência", ou seja, trata-se de explicar como, independente das ações individuais, emergem (ou surgem) estruturas sociais que operam segundo suas próprias regras de funcionamento.

2) **Individualismo metodológico** (também conhecido como subjetivismo): parte da premissa de que são as estruturas sociais e o sistema social em seu conjunto que são explicados pelas ações e interações entre os indivíduos. Esta posição teria sido inaugurada por Max Weber.

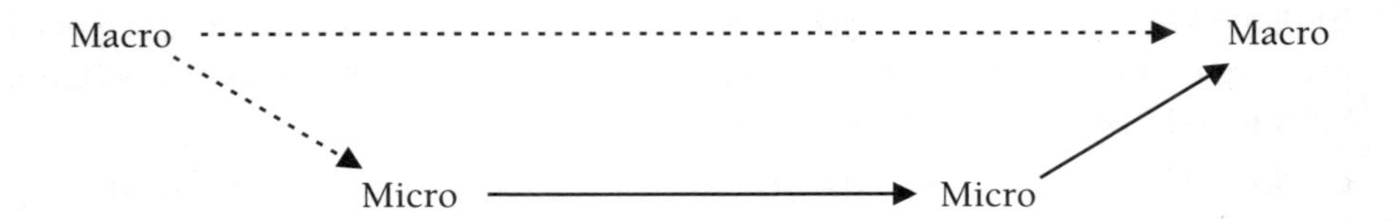

Diferente da abordagem anterior, posturas individualistas têm seu ponto forte no nível micro (ou seja, elaboram teorias sobre o que é a ação social) e, ao mesmo tempo, privilegiam os efeitos das ações (micro) sobre as estruturas sociais (macro). O individualismo metodológico defende sempre uma postura "reducionista" na medida em que todos os fenômenos coletivos tem que ser explicados pela ação dos indivíduos, ou seja, o nível macro precisa ser remetido ou reduzido ao nível micro para ser explicado.

Entre os exemplos de uma postura fortemente holista podemos citar o nome de Niklas Luhmann (1997) para quem os sistemas sociais prescindem de qualquer ator social: trata-se de sistemas autorreferenciados e autorregulados (autopoiéticos). Já para teóricos como Raymond Boudon (1979), por outro lado, só existem realmente indivíduos e estruturas coletivas ou mesmo a "sociedade" são apenas ficções terminológicas. Todavia, estas são apenas as posições mais extremas. Por outro lado, há outro grupo de pensadores que se situam em uma perspectiva intermediária e advogam a ideia de que a dinâmica do processo social envolve a interação mútua e contínua entre o "indivíduo" e a "sociedade", o "ator" e o "sistema social", ou ainda entre o "agente social", por um lado, e as "estruturas sociais", por outro. Colocam-se nesta posição teóricos como Pierre Bourdieu (1994), Anthony Giddens (1991) e Jürgen Habermas (1987). Estes autores – pertencentes ao chamado "novo movimento teórico" – defendem um "relacionismo metodológico" ou **construtivismo metodológico.**

Embora a posição epistemológica e metodológica dos fundadores da sociologia ainda esteja presente, em suas grandes linhas, na produção sociológica contemporânea, os resultados das discussões filosóficas e científicas da atualidade nos obrigam a revisão, atualização ou até superação de seus programas teóricos. A centralidade que a atual filosofia confere ao tema da linguagem (giro linguístico) e as mudanças no campo científico afetaram profundamente à percepção sobre a definição e o papel da ciência. A epistemologia contemporânea vive um momento de grande efervescência que provoca, por sua vez, um movimento de enorme criatividade no campo da produção sociológica.

4. Teoria da modernidade

Em sua análise da modernidade, os fundadores da teoria social se preocuparam em aprofundar dois conjuntos de questões: 1) quais os elementos característicos da sociedade moderna e 2) quais os seus problemas e desafios fundamentais.

Os principais conceitos elaborados pelos clássicos da sociologia para refletir sobre estas questões são os seguintes:

MODERNIDADE	MARX	DURKHEIM	WEBER
Características essenciais	Modo de produção capitalista	Divisão do trabalho social	Racionalismo da dominação do mundo
Problemas/desafios	Exploração Alienação	Anomia Egoísmo	Perda de sentido Perda da liberdade

Para **Karl Marx**, a modernidade, em sua forma capitalista, era essencialmente dinâmica e estava destinada, pela sua própria natureza interna, a ser superada e encaminhada para um novo tipo de sociedade: o comunismo. Na análise que faz do modo de produção capitalista, ele argumenta que as bases do sistema produtor de mercadorias estariam fundadas em relações de exploração, de dominação de classe e de alienação. No conjunto desta interpretação, dois conceitos sintetizam a teoria da modernidade deste autor. Trata-se dos conceitos de Mais-Valia e Fetichismo da Mercadoria. Pelo primeiro, Marx enuncia a tese de que o modo de produção capitalista está fundado em uma relação de desigualdade pela qual a riqueza gerada pelo trabalho é apropriada privadamente pelo capital. Neste sentido, o capitalismo seria um sistema de exploração. Pelo conceito de Fetichismo da Mercadoria, Marx enuncia a ideia de que a mercantilização das relações sociais e das subjetividades produz uma sociedade dominada pelas forças impessoais do mercado: o sujeito torna-se objeto e o objeto independentiza-se do sujeito. Por esta razão o capitalismo é considerado um sistema de alienação.

Estas diferentes teses acabaram tendo um peso diferenciado na evolução posterior do marxismo. Enquanto o marxismo de matriz leninista privilegiou a ideia de "exploração"; o chamado "marxismo ocidental" centrou-se sobre a ideia de "alienação". A ideia de Mais-Valia (associada aos conceitos de revolução e ditadura do proletariado) acabou dando origem à tentativa autoritária e fracassada de substituição do capitalismo por uma forma de organização plenamente estatizada. Longe de eliminar a extração de Mais-Valia, ela acabou sendo intensificada e apropriada pela burocracia estatal. Na vertente do marxismo ocidental, os teóricos procuraram aproximar a ideia de objetificação das relações sociais com a ideia de racionalização de Weber e de outros críticos da modernidade, dando origem à chamada "teoria crítica" da sociedade.

A terminologia empregada por **Durkheim** para descrever a modernidade não deixou marcas na história da sociologia. Quase não se encontram teóricos que empregam conceitos como "solidariedade mecânica" ou mesmo a célebre categoria "divisão do trabalho social". Mas, isto não quer dizer que as teses de Durkheim não tivessem exercido considerável influência na compreensão dos fundamentos da sociedade industrial. Em primeiro lugar, a ideia de "divisão do trabalho" aponta para uma das principais características da ordem social moderna: a diferenciação social. Neste sentido, a sociologia contemporânea reconhece que a modernidade é uma sociedade complexa marcada pela intensificação do processo de divisão da vida social em esferas ou sistemas movidos por lógicas e racionalidades distintas: sistema econômico, sistema político, sistema jurídico, sistema familiar, etc. Outra ideia importante deixada por Durkheim é o fato de que ele captou com notável acuidade a mudança nos mecanismos responsáveis pela integração social na passagem das sociedades tradicionais para as sociedades modernas. Enquanto as sociedades simples são caracterizadas por formas de integração social (solidariedade mecânica), na modernidade os mecanismos de interação social passam a ser geridos por instituições funcionais (integração sistêmica). Por fim é importante notar que o holismo de seu método não impediu Durkheim de perceber que um dos traços marcantes da era moderna é o individualismo. Ainda que dentro de certos limites, Durkheim antecipa a discussão contemporânea sobre a chamada "individualização" que aponta para o fato de que a identidade social não é mais simplesmente herdada, mas moldada pelo próprio indivíduo.

Um dos quadros mais primorosos de análise das características da modernidade pode ser encontrado nos ensaios de sociologia da religião de **Max Weber**. Comparando o desenvolvimento das religiões no Oriente e no Ocidente, Weber procurou extrair as marcas características do racionalismo ocidental e demonstrar sua influência sobre a conduta prática dos indivíduos. A modernidade se caracteriza por um longo processo de "desencantamento do mundo" pelo qual as concepções mágicas e religiosas do mundo vão sendo substituídas por uma concepção racionalizada da existência.

Em sua obra mais conhecida, **A ética protestante e o espírito do capitalismo**, Weber mostra as relações do protestantismo com a emergência do capitalismo. O protestantismo ascético, ao levar a salvação para a esfera secular do trabalho, favoreceu a extrema racionalização da vida. A busca do lucro através do trabalho metódico tornou-se a lei fundamental da existência. Com a perda de suas bases religiosas, esta racionalidade instrumental leva o homem a uma sociedade burocratizada, dominada por uma razão calculista, institucionalizada no mercado, no Estado, na ciência, na técnica, no direito formal, na contabilidade e em diversas outras instâncias racionalizadas da modernidade ocidental. A racionalidade instrumental esvazia o sentido da existência e representa um limite para a liberdade do homem. O resultado da racionalização é, por um lado, um aumento do grau de controle e eficiência e, de outro, a perda de sentido e a perda da liberdade.

Apesar de suas diferenças, um olhar retrospectivo sobre estas distintas teses a respeito da modernidade revela que os pais fundadores da sociologia pertencem todos ao horizonte da chamada "primeira modernidade": embora reconhecessem os dilemas e contradições da era moderna, eles se colocaram decididamente ao lado da realização do projeto moderno enquanto concretização do ideal racional de controle social.

Neste sentido, *Comte e Durkheim* confiam inteiramente na capacidade da ciência em desvelar a estrutura da realidade e proporcionar aos indivíduos instrumentos para uma organização racional do mundo social. Na visão destes autores, a busca da ordem e da harmonia social é essencialmente uma questão de ajuste entre os benefícios trazidos pela ciência e pela técnica (progresso) e a necessidade de encontrar novas formas de regulação social (ordem). A confiança destes pensadores no potencial e nos benefícios da sociedade industrial são bastante evidentes. A mesma coisa pode ser dita do pensamento de *Karl Marx*. Confiante no papel da razão em desvendar as leis da história, Marx busca liberar a modernidade dos entraves que dificultam a realização plena dos seus ideais. Sua visão da revolução como uma ruptura sociopolítica não representa uma negação da modernidade. O comunismo, longe de negar, se apresenta como a real possibilidade de consolidação dos valores da liberdade, igualdade e fraternidade típicas da era moderna; ideais que, na visão de Marx, tinham sua concretização negada pelo mundo capitalista de exploração e pelos interesses das classes burguesas. O proletariado tinha a missão de universalizar os benefícios da ordem moderna liberando-os de sua realização parcial e seletiva. Portanto, ainda que tivessem visões radicalmente diferentes sobre os valores e os limites da sociedade industrial, Comte, Durkheim e Marx ajustavam-se aos ideais kantianos e iluministas de uma ordem social concebida como produto da autoatividade consciente e coletiva dos indivíduos. Em ambos os autores o aumento do conhecimento (ciência e técnica) significava a possibilidade de controle social (organização racional da sociedade). Neste sentido, este grupo de autores é plenamente "moderno".

Também *Max Weber* é um teórico moderno, qual seja, defensor da ideia de modernidade concebida enquanto mundo social regulável através da direção consciente dos indivíduos. Não obstante, o ambiente filosófico no qual ele formou o seu pensamento tornou-o mais cético quanto à possibilidade de concretização efetiva deste ideal. Por um lado, Weber reconhece que o racionalismo ocidental possui um conteúdo universalista e universalizável. As formas racionais de organização da produção (capitalismo) e do poder (Estado Parlamentar), bem como as esferas racionalizadas do conhecimento (ciência e técnica), dos valores (ética e direito) e da esfera subjetiva (arte e literatura) representavam uma evolução em termos de eficiência e racionalidade. Por outro lado, ele também argumenta que as esferas do mercado (capitalismo) e da política (Estado) estavam cada vez menos sujeitas ao controle social e passavam a funcionar como uma "jaula de ferro" (burocratização), ou seja, como esferas sistêmicas autocentradas e autorreguladas independentes da ação e vontade dos indivíduos. Trata-se da perda da liberdade. Além disso, a cisão da razão em esferas distintas (cognitivo-instrumental, legal-moral e estético-expressiva) impedia o conhecimento de fornecer valores e sentido para uma existência cada vez mais entregue à escolha de valores subjetivos. É a tese da perda de sentido. Mas, ainda que fosse bem menos otimista que os autores da geração de fundadores da sociologia quanto às possibilidades de concretização dos ideais da modernidade, Weber afirmou que o destino de nosso tempo era marcado pela racionalização e que renunciar a ele seria o "sacrifício do intelecto". Portanto, ainda que suas teses estejam mais próximas dos questionamentos que os teóricos da pós-modernidade realizam do racionalismo contemporâneo, e mesmo das precauções dos defensores de uma segunda modernidade (crítica de si mesma), Weber colocou-se claramente ao lado da realização do projeto moderno.

Atualmente, diante das transformações ocorridas ao longo do século XX e início do século XXI, estas diferentes leituras da realidade moderna estão sendo reavaliadas. Fenômenos inteiramente novos como a mundialização da economia e da sociedade, as guerras em grande escala, a crise ambiental, a revolução digital, a sociedade pós-industrial, mudanças no comportamento entre homens e mulheres, o fim do comunismo, a engenharia genética e outras mais exigem novas interpretações. Neste cenário, os teóricos da pós-modernidade tendem a considerar superados o conteúdo e a contribuição dos clássicos da sociologia para desvelar as estruturas da ordem social pós-moderna na qual estaríamos inseridos. Eles argumentam que a sociologia, enquanto ciência nascida na modernidade, está intimamente ligada a ela e pode ser considerada como a visão que a modernidade possui de si mesma. Já os teóricos da segunda-modernidade também enxergam a necessidade de uma revisão, mas não de abandono dos valores e ideais da modernidade. Por isso, o diálogo com a tradição clássica da sociologia é apontado como uma possibilidade de refletir criticamente sobre os desafios e entraves que a realização do projeto da modernidade foi encontrando em seu caminho.

5. Teoria política

Apesar de suas diferenças, todos os fundadores da sociologia aqui analisados procuraram refletir sobre os desafios e problemas de seu tempo. Todos buscaram relacionar-se de forma "crítica" com o mundo social. No entanto, a leitura que cada um realizou da modernidade condicionou sua visão a respeito de como lidar com as contradições do mundo moderno. É neste sentido que podemos localizar em seus escritos uma "teoria política" que envolve, basicamente, dois aspectos:

	Propostas políticas	**Relação entre Sociologia e Política**
MARX	Comunismo	Revolução
DURKHEIM	Culto do indivíduo	Neutralidade/Imparcialidade
WEBER	Liderança carismática	Neutralidade axiológica

As propostas políticas nos remetem diretamente aos modos de enfrentamento dos problemas sociais que foram apregoadas pelos fundadores da sociologia.

A teoria de **Karl Marx** não representa apenas uma análise do mundo moderno, pois está vinculada diretamente a um movimento político: o socialismo. Sua descrição dos movimentos do capital entende que a ordem social capitalista possuiria dentro dela as contradições dialéticas que a levariam no sentido de sua superação. Ao longo de sua carreira, este processo de transição do capitalismo para o comunismo foi teorizado por Marx de duas formas. Em sua versão política, a dissolução do capitalismo seria feita através de uma revolução promovida pela classe proletária, considerada por ele o polo antagônico da burguesia e a negação dialética da ordem social capitalista. Em sua versão econômica, no entanto, a superação do capitalismo seria fruto das contradições do próprio capitalismo enquanto sistema econômico. Nesta versão, o capitalismo seria conduzido por suas leis internas a uma crise que provocaria a ruptura do sistema.

Ao longo da história do marxismo, a versão política e a versão econômica do projeto político de Marx dividiram o movimento socialista. A tradição leninista, organizada em torno da III Internacional, sempre enfatizou mais o aspecto revolucionário e político deste projeto, privilegiando o elemento subjetivo da vontade política. O conceito de "revolução" sintetizava a ideia de que a evolução social poderia ser produzida de forma instantânea e global. Os regimes totalitários de esquerda do século XX (que eliminaram milhões de seres humanos) são resultado desta leitura e da exacerbação da ideia de que a história e a vida social podem ser submetidas a um controle absoluto. Já a tradição social-democrata, organizada em torno da II Internacional, deu maior ênfase aos ciclos econômicos do capitalismo e aos fatores objetivos da atividade social e econômica. Esta segunda versão enfatizou os elementos estruturalistas da teoria marxiana e concluiu que as crises previstas por ele não levaram o capitalismo à sua própria superação, mas a profundas transformações internas. Esta tendência aceitou a democracia como método legítimo de disputa pelo poder e passou a integrar-se com as economias de mercado, apregoando a necessidade de seu controle através de políticas econômicas regulatórias e políticas sociais de equalização social.

Embora a Revolução Industrial e suas consequências também estivessem no centro das preocupações de **Émile Durkheim**, ele possuía uma visão bastante diferenciada em termos de projeto político. Para começar, Durkheim achava que os problemas da ordem industrial provinham da falta de conexão entre uma nova estrutura social (a divisão do trabalho social) e novas formas de interação social (a solidariedade orgânica). Desta forma, ele rejeitou a visão de Marx e a ideia de que as contradições da modernidade estivessem no plano econômico. Para Durkheim, tratava-se de um problema de ordem moral. Em vez de negar a ordem social vigente, ele achava que ela deveria ser consolidada a partir de uma nova moral que seria gerada a partir da própria divisão do trabalho e que necessitava da complementação da ação moralizadora do Estado, das corporações e da escola. Desta forma, os críticos de Durkheim sempre consideraram este teórico como um conservador, pois a ênfase da sua teoria está na busca da harmonia e da coesão social e não da transformação ou mesmo mudança social. Para outros teóricos, contudo, Durkheim não rejeitou a ordem social e política moderna como os filósofos conservadores que se colocavam contra a própria modernidade e seus valores. Afinal, a estabilidade social só poderia ser alcançada quando a liberdade individual conquistada com a divisão do trabalho fosse consolidada com o "culto do indivíduo" enquanto valor moral central da modernidade. Neste sentido, tais analistas defendem que Durkheim está muito mais próximo do liberalismo do que de uma visão conservadora, no sentido estrito da palavra.

Ao contrário de Marx e Durkheim que possuíam visões muito otimistas a respeito do potencial emancipador da modernidade, **Max Weber** costuma ser apresentado como um teórico pessimista que teria herdado de Nietzsche uma forte desconfiança a respeito das possibilidades de controle racional do mundo moderno. De fato, podemos identificar em Weber a tese de que o capitalismo e o Estado burocrático limitavam o espaço da ação individual na esfera social (perda de liberdade), enquanto a ciência e a técnica, enquanto formas de saber racional, esvaziavam a visão religiosa do mundo na esfera cultural, retirando-lhe sua capacidade unificadora e integradora de sentido (perda de sentido). Diante deste quadro, Weber achava que uma revolução socialista apenas agravaria a situação. Mas, isto não quer dizer que ele não tivesse apresentado soluções ou diretrizes de ação. Para remediar a falta de capacidade política da burguesia alemã, Weber apostou na figura dos líderes carismáticos para conduzir o quadro burocrático estatal na direção na realização dos fins políticos. Escolhidos através de procedimentos democráticos seja pelo parlamento (modelo inglês) ou pela via das eleições diretas, Weber ainda parecia confiar na capacidade de indivíduos excepcionais para conduzirem a ordem política. Contra o poder da burocracia, Weber apostava na força do carisma. Seu desafio foi pensar como os valores da individualidade e da autonomia inerentes ao liberalismo (e ao projeto moderno) podiam ser realizados diante de uma ordem social, política e econômica que pareciam negar suas possibilidades de realização.

Em seu contexto global, as propostas elaboradas por estes autores refletem diretamente os problemas, conflitos e divisões que foram típicos da primeira modernidade. Estes problemas estavam ligados principalmente às mudanças e consequências sociais trazidas pela Revolução Industrial e envolviam diferentes maneiras de se pensar a realização dos valores da modernidade naquele momento histórico. Atualmente, os desafios e problemas que as sociedades vivem não encontram mais respostas plenamente satisfatórias nas reflexões que estes autores nos apresentaram.

De qualquer forma, todo este debate de ordem pragmática mostra, de forma subjacente, que, no horizonte histórico e epistemológico da primeira modernidade, a sociologia concebeu de forma diferenciada sua relação com a realidade política. No plano epistemológico, os clássicos da sociologia refletiram sobre a vinculação entre "pensamento" e "ação" ou entre **sociologia e política**.

Na acepção de *Karl Marx*, a esfera prática tem prioridade sobre a esfera reflexiva e, em última instância, o próprio pensamento é considerado como práxis social. Em frase que se tornou célebre, este autor afirmava que "os filósofos até hoje se contentaram em contemplar a realidade, mas o que importa é transformá-la", ou, ainda, que a prática seria a realização da filosofia. Tal posição, sabe-se, resulta do fato de que a preocupação fundante de sua teoria não era a constituição de uma sociologia enquanto esfera do saber, mas a articulação da teoria com um movimento político concreto. O conhecimento da vida social tinha como meta a transformação político-revolucionária. Estas ideias foram desenvolvidas em duas direções. Na leitura leninista do marxismo, a teoria social é considerada um instrumento da vida política, seja no sentido de sua conservação (manter o *status quo*), seja no sentido da mudança sociopolítica. Esta visão pragmática e instrumentalista dissolve totalmente a teoria na esfera da prática política. A leitura das obras de Marx realizada na tradição do marxismo ocidental, contudo, reabilita a dimensão da teoria. Esta vertente busca em Marx o modelo para uma "teoria crítica". De acordo com a formulação que lhe dá Max Horkheimer (1991, p. 69-75) em **Teoria tradicional e teoria crítica** (de 1937), o pensar crítico se define por localizar na realidade os elementos que impedem a realização dos potenciais emancipadores inscritos, mas não realizados, no processo social. A teoria crítica não apenas "descreve" o mundo social, mas articula-se com as possibilidades da emancipação social.

Durkheim e Weber, ao contrário de Marx, tinham como meta de suas obras a constituição do campo sociológico como esfera do conhecimento. Suas preocupações eram científicas e, por isso, é a dimensão teórica que recebe prioridade. No entanto, se a ciência possui uma dimensão política e uma relação com a prática social, como determinar o caráter da relação entre sociologia e política?

Para a posição sustentada por *Durkheim*, a sociologia se define pelo princípio da objetividade. Os fatos sociais devem ser tratados como coisas. Disso resulta que a sociologia rege-se, na sua relação com a política, pela ideia da neutralidade e imparcialidade. O saber sociológico, dado o seu caráter científico, é o único capaz de nos fornecer uma leitura do mundo social desprovido da parcialidade que as forças políticas em conflito realizam do ambiente social. A sociologia está isolada e, ao mesmo tempo, acima da vida política. Esta posição também lhe confere uma condição privilegiada para a resolução dos problemas sociais, na medida em que seu caráter científico lhe permite entender com objetividade não só as causas dos problemas, mas também os meios adequados para sua resolução.

Ao contrário da teoria de Durkheim, *Weber* reconhece que a sociologia é influenciada por inúmeros fatores sociais. A pesquisa sociológica não só reflete as escolhas pessoais do pesquisador, como também sua cultura, seus valores, sua classe social e até mesmo suas opções políticas. Porém, mesmo negando a crença na imparcialidade científica, Weber sustenta que o cientista social deve orientar-se pelo princípio da objetividade. Objetividade, neste caso, significa deixar claro aos interlocutores quais os pressupostos que guiaram o pesquisador na sua pesquisa e, em segundo lugar, controlar os resultados da investigação com a rigorosa aplicação do método científico (estabelecimento de relações causais entre os fenômenos). Em outra direção, Weber sustentava que não havia qualquer base objetiva para que a sociologia se visse diretamente envolvida com a vida política, fazendo a opção por grupos políticos determinados. A ciência não tem elementos para fazer uma escolha por qualquer valor, ideologia, classe, partido ou grupo político, pois se tratam de escolhas pessoais (éticas) e coletivas (políticas). O que está ao alcance da sociologia é apontar e refletir criticamente as possibilidades de resolução de determinados problemas, mostrando os pressupostos que guiam as escolhas feitas e revelando quais seriam as possíveis consequências das opções realizadas. A esfera da ação (política) e a esfera do conhecimento (ciência) se movem por regras distintas que não podem ser unificadas.

O problema da articulação entre o pensar e o agir ou entre a sociologia enquanto ciência e a política enquanto esfera da ação continuou dividindo o pensamento sociológico durante a sua história. Na Alemanha, durante os anos 60 e 70, o debate se acentuou e deu origem a duas grandes correntes teóricas. Enquanto Karl Popper, defensor da "*teoria positivista*", sustentava que caberia à sociologia o papel de descrever e explicar o mundo social, a "*teoria crítica*" (inspirada no marxismo) buscava submeter os resultados da investigação social ao critério da emancipação social. Ainda hoje, teóricos como Jürgen Habermas (1987) e Axel Honneth (2003) ainda sustentam uma postura crítica, embora tenham abandonado os fundamentos marxistas de sua formulação.

Também hoje, visões extremas que veem na sociologia uma espécie de engenharia social livre de pressupostos políticos e, no sentido inverso, um mero reflexo de opções políticas, são minoritárias. A sociologia, enquanto disciplina envolvida com a compreensão da prática social dos agentes sociais, contribui com a vida política na medida em que permite a reflexividade social, ou seja, com a possibilidade de que os indivíduos e grupos sociais encontrem em suas pesquisas a possibilidade de refletir sobre os problemas e desafios da vida social.

Bibliografia

ADORNO, Theodor. Capitalismo tardio ou sociedade industrial? In: COHN, Gabriel (org.). **Theodor Adorno**. 2. ed. São Paulo: Ática, 1992, p. 62-76 [Coleção Grandes Cientistas Sociais, n. 54].

ADORNO, Theodor & HORKHEIMER, Max. **Dialética do esclarecimento**. Rio de Janeiro: Zahar, 1985.

ALEXANDER, Jeffrey. A importância dos clássicos. In: GIDDENS, Anthony & TURNER, Jonathan (orgs.). **Teoria social hoje**. São Paulo: Unesp, 1999, p. 23-90.

BAUMAN, Zigmunt. **Modernidade e ambivalência**. Rio de Janeiro: Zahar, 1999.

BECK, Ulrich. A reinvenção da política: rumo a uma teoria da modernização reflexiva. In: GIDDENS, Anthony; BECK, Ulrich & LASH, Scott. **Modernização reflexiva** – Política, tradição e estética na ordem social moderna. São Paulo: Unesp, 1997.

BOBBIO, Norberto. **Teoria geral da política –** A filosofia política e as lições dos clássicos. São Paulo: Campus, 2000.

BOUDON, Raymond. **Efeitos perversos e ordem social**. Rio de Janeiro: Zahar, 1979.

BOURDIEU, Pierre. Trabalhos e projetos. In: ORTIZ, Renato (org.). **Pierre Bourdieu**. 2. ed. São Paulo: Ática, 1994, p. 38-45.

BRÜSEKE, Franz Josef. A modernidade técnica. In: **Revista Brasileira de Ciências Sociais**, vol. 17, n. 49, 2002, p. 135-144.

______. **A técnica e os riscos da modernidade**. Florianópolis: UFSC, 2001.

CORCUFF, Philippe. **As novas sociologias**: construções da realidade social. São Paulo: Edusc, 2001.

DERRIDA, Jacques. **Gramatologia.** São Paulo: Perspectiva, 1973.

DOMINGUES, José Maurício. **Teorias sociológicas no século XX**. Niterói: UFF, 2003.

FOUCAULT, Michel. **A microfísica do poder**. 13. ed. Rio de Janeiro: Graal, 1998.

GIDDENS, Anthony. **As consequências da modernidade**. São Paulo: Unesp, 1991.

HABERMAS, Jürgen. **O discurso filosófico da modernidade**. São Paulo: Martins Fontes, 2000.

HEIDEGGER, Martin. A questão da técnica. In: **Cadernos de tradução**. São Paulo: USP/Departamento de filosofia, 1997.

HONNETH, Axel. **Luta por reconhecimento** – A gramática moral dos conflitos sociais. São Paulo: Ed. 34, 2003.

HORKHEIMER, Max. Teoria tradicional e teoria crítica. In: **Os pensadores**. 5. ed. São Paulo: Nova Abril, 1991, p. 69-75.

KANT, Immanuel. Resposta à pergunta: Que é esclarecimento? In: **Textos selecionados**. 2. ed. Petrópolis: Vozes, 1985.

KUMAR, Krishan. **Da sociedade pós-industrial à pós-moderna**: novas teorias sobre o mundo contemporâneo. Rio de Janeiro: Zahar, 1997.

LYOTARD, Jean François. **A condição pós-moderna**. 5. ed. Rio de Janeiro: José Olympio, 1998.

LUHMANN, Niklas. O conceito de sociedade. In: NEVES, Clarissa B. & SAMIOS, Eva Machado B. **Niklas Luhmann e a nova teoria dos sistemas**. Porto Alegre: UFRG, p. 75-91.

LUKÁCS, Georg. O marxismo ortodoxo. In: **Lukács**. São Paulo: Ática, 1992, p. 59-86.

MAFFESOLI, Michel. **O tempo das tribos** – O declínio do individualismo na sociedade de massas. 4. ed. Rio de Janeiro: Forense Universitária, 2006.

MARX, Karl. Para a crítica da economia política. In: **Os pensadores**. São Paulo: Abril, 1978, p. 107-257.

NIETZSCHE, Friedrich. Considerações extemporâneas. In: **Friedrich Nietzsche**: obras incompletas. São Paulo: Abril, 2000 [Coleção Os pensadores].

SANTOS, Boaventura de Souza. **Pela mão de Alice** – O social e o político na pós-modernidade. 3. ed. São Paulo: Cortez, 1997.

TOURAINE, Alain. **Crítica da modernidade**. 3. ed. Petrópolis: Vozes, 1995.

VATTIMO, Gianni. **O fim da modernidade**: nihilismo e hermenêutica na cultura pós-moderna. São Paulo: Martins Fontes, 1996.

WIEVIORKA, Michel. Sociologia pós-clássica ou declínio da sociologia? In: **Em que mundo viveremos**? São Paulo: Perspectiva, 2006, p. 37-65.

COLEÇÃO SOCIOLOGIA
Coordenador: Brasilio Sallum Jr. – Universidade de São Paulo

Comissão editorial:
Gabriel Cohn – Universidade de São Paulo
Irlys Barreira – Universidade Federal do Ceará
José Ricardo Ramalho – Universidade Federal do Rio de Janeiro
Marcelo Ridenti – Universidade Estadual de Campinas
Otávio Dulci – Universidade Federal de Minas Gerais

- *A educação moral*
  Émile Durkheim
- *A Pesquisa Qualitativa*
  VV.AA.
- *Sociologia ambiental*
  John Hannigan
- *O poder em movimento*
  Sidney Tarrow
- *Quatro tradições sociológicas*
  Randall Collins
- *Introdução à Teoria dos Sistemas*
  Niklas Luhmann
- *Sociologia clássica – Marx, Durkheim, Weber*
  Carlos Eduardo Sell
- *O senso prático*
  Pierre Bourdieu
- *Comportamento em lugares públicos*
  Erving Goffman
- *A estrutura da ação social – Vols. I e II*
  Talcott Parsons
- *Ritual de interação*
  Erving Goffman
- *A negociação da intimidade*
  Viviana A. Zelizer
- *Sobre fenomenologia e relações sociais*
  Alfred Schutz
- *Os quadros da experiência social*
  Erving Goffman
- *Democracia*
  Charles Tilly
- *A representação do Eu na vida cotidiana*
  Erving Goffman
- *Sociologia da comunicação*
  Gabriel Cohn
- *A pesquisa sociológica*
  Serge Paugam (coord.)
- *Sentido da dialética – Marx: lógica e política - Tomo I*
  Ruy Fausto
- *Ética econômica das Religiões Mundiais - Vol. I*
  Max Weber
- *A emergência da teoria sociológica*
  Jonathan H. Turner, Leonard Beeghley e Charles H. Powers
- *Análise de classe – Abordagens*
  Erik Olin Wright
- *Símbolos, selves e realidade social*
  Kent L. Sandstrom, Daniel D. Martin e Gary Alan Fine

JESUS: APROXIMAÇÃO HISTÓRICA
José Antônio Pagola

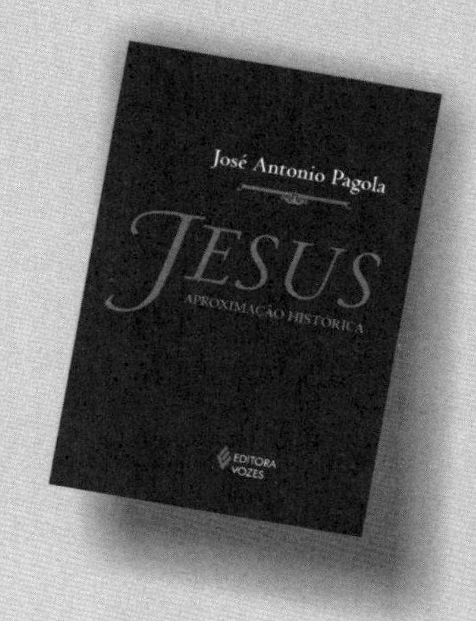

"Quem foi Jesus? Como entendeu sua vida? Que alternativa quis introduzir com sua atuação? Onde está a força de sua figura e a originalidade de sua mensagem? Por que o mataram? Como terminou sua aventura? Que segredo se esconde nesse galileu fascinante, nascido há dois mil anos numa aldeia insignificante do Império Romano e executado como um malfeitor perto de uma antiga pedreira, nos arredores de Jerusalén, quando beirava os 30 anos? Quem foi este homem que marcou decisivamente a religião, a cultura e a arte do Ocidente?

Estas são algumas das inúmeras perguntas suscitadas em torno de Jesus. Nesta obra de 650 páginas, José Antônio Pagola, professor de Cristologia na Faculdade Teológica de Vitória (Espanha), há sete anos se dedica exclusivamente a pesquisar e tornar conhecida a pessoa de Jesus, oferece um relato vivo e apaixonante da atuação e da mensagem de Jesus de Nazaré, situando-o em seu contexto social, econômico, político e religioso a partir das mais recentes pesquisas.

Na apresentação da obra, o próprio autor escreve: "Meu propósito fundamental foi 'aproximar-me' de Jesus com rigor histórico e com linguajar simples, para aproximar sua pessoa e sua mensagem ao homem e à mulher de hoje. Quis pôr nas mãos de você, leitor e leitora, um livro que os oriente para não enveredar por caminhos atraentes, mas falsos, de tanto romance-ficção, escrito à margem e contra a investigação moderna".

CULTURAL

Administração
Antropologia
Biografias
Comunicação
Dinâmicas e Jogos
Ecologia e Meio Ambiente
Educação e Pedagogia
Filosofia
História
Letras e Literatura
Obras de referência
Política
Psicologia
Saúde e Nutrição
Serviço Social e Trabalho
Sociologia

CATEQUÉTICO PASTORAL

Catequese
Geral
Crisma
Primeira Eucaristia

Pastoral
Geral
Sacramental
Familiar
Social
Ensino Religioso Escolar

TEOLÓGICO ESPIRITUAL

Biografias
Devocionários
Espiritualidade e Mística
Espiritualidade Mariana
Franciscanismo
Autoconhecimento
Liturgia
Obras de referência
Sagrada Escritura e Livros Apócrifos

Teologia
Bíblica
Histórica
Prática
Sistemática

REVISTAS

Concilium
Estudos Bíblicos
Grande Sinal
REB (Revista Eclesiástica Brasileira)
SEDOC (Serviço de Documentação)

VOZES NOBILIS

Uma linha editorial especial, com importantes autores, alto valor agregado e qualidade superior.

VOZES DE BOLSO

Obras clássicas de Ciências Humanas em formato de bolso.

PRODUTOS SAZONAIS

Folhinha do Sagrado Coração de Jesus
Calendário de mesa do Sagrado Coração de Jesus
Agenda do Sagrado Coração de Jesus
Almanaque Santo Antônio
Agendinha
Diário Vozes
Meditações para o dia a dia
Encontro diário com Deus
Guia Litúrgico

CADASTRE-SE
www.vozes.com.br

EDITORA VOZES LTDA.
Rua Frei Luís, 100 – Centro – Cep 25689-900 – Petrópolis, RJ
Tel.: (24) 2233-9000 – Fax: (24) 2231-4676 – E-mail: vendas@vozes.com.br

UNIDADES NO BRASIL: Belo Horizonte, MG – Brasília, DF – Campinas, SP – Cuiabá, MT
Curitiba, PR – Florianópolis, SC – Fortaleza, CE – Goiânia, GO – Juiz de Fora, MG
Manaus, AM – Petrópolis, RJ – Porto Alegre, RS – Recife, PE – Rio de Janeiro, RJ
Salvador, BA – São Paulo, SP